|本|書|の|使|い|方|

事例問題には解法がある

　本書は AAS 東京が中小企業診断士２次試験専門の受験校として培ってきた事例解法ノウハウをまとめたものです。２次試験の解法を「工程」として体系化し詳細に解説したという点で、類書があまりないのではないかと思っています。

　カレーライスを作るのに、豚肉やジャガイモを使うと決めただけでは作れません。豚肉はどんな切り方で、どういう下処理をするのか、ジャガイモの皮はどうするのか、面取りはするのかしないのか、入れる順番は、時間はどれくらいか、など、**具体的な調理手順（工程）**を身につけていなければカレーは作れません。

　本書は、「豚肉やジャガイモ」ではなく、主に「調理手順」を解説しています。考え方や知識を、本試験で解答文に落とし込むのに必要な「工程」を解説しているということです。

　したがって、本書単独では２次試験の対策としては不十分です。本文でも触れていますが、各科目の考え方や必要な知識（豚肉やジャガイモ）については、別途、対策する必要があります。その点をご理解の上で本書を効果的に活用していただければ、本書の内容が２次試験対策上、必須といえるほど重要であることがおわかりいただけると思います。

　本書を活用された読者がひとりでも多く合格を手にされることを願っています。

※本書の第１部第２章から第７章までで２次試験４科目のうち主に事
　例Ⅰ、Ⅱ、Ⅲの解法を、第８章で事例Ⅳの解法を解説しています。

《 第 4 版について 》

第４版では、あらたに第２部として演習を追加し詳細な解説を
加えるとともに、装丁やレイアウトを一新いたしました。

2022 年 3 月

目　次　CONTENTS

第1部　解法編

第6章　書く ……………………………………………………………………… 81

第7章　見直し ……………………………………………………………………… 103

第2部　演習編

Tips

第 1 部
解法編

第1章

第2次試験の概要

本章は、中小企業診断士第2次試験について予備知識のない読者向けに書いています。
必要に応じて読み飛ばしていただいて結構です。

1.1　第2次試験の概要

1.1.1　第2次試験の流れ

中小企業診断士第2次試験には、筆記試験と口述試験があります。第1次試験の合格者のみが筆記試験を受験することができます。さらに、筆記試験の合格者のみが口述試験を受験できます。

筆記試験の合格率が20％前後であるのに対して、口述試験の合格率は例年99％以上です。したがって実質的に**筆記試験が中小企業診断士試験の最後の難関**だといえます。

2次試験合格までの流れ　　　　　　　　　　　　　　　　　　（図表1-1）

1 次 試 験 合 格 発 表	8月～9月ごろ
2 次 試 験 出 願	8月～10月上旬ごろ
筆 記 試 験 実 施	10月下旬～11月上旬のうち1日（日曜）
筆 記 試 験 合 格 発 表	12月～1月ごろ
口 述 試 験 実 施	筆記試験合格の約9日後（日曜）
口 述 試 験 合 格 発 表	口述試験の約9～16日後

1.1.2　出題内容

筆記試験は以下の4科目で、いずれも「経営革新・改善」、「新規事業開発（既存事業の再生を含む）」などを問うと試験案内に明記されています。

2次筆記試験科目　　　　　　　　　　　　　　　　　　　　　（図表1-2）

科目名	配点	実施時間	出題内容（1 次試験との対応）
事例Ⅰ	100点	9:40 ～ 11:00（80分）	組織・人事事例。企業経営理論の戦略論、組織論、人的資源管理と関係が深い。
事例Ⅱ	100点	11:40 ～ 13:00（80分）	マーケティング・流通事例。企業経営理論のマーケティング、運営管理の店舗・販売管理など。戦略も出題される。
事例Ⅲ	100点	14:00 ～ 15:20（80分）	生産・技術事例。運営管理の生産管理のほか、戦略も出題される。
事例Ⅳ	100点	16:00 ～ 17:20（80分）	財務・会計事例。計算問題が含まれる。経営分析のほか資本政策なども問われる。

1日で4科目全てを受験します。1科目の試験時間はいずれも80分です。科目ごとに事例企業1社の情報が2～3ページ程度与えられます（与件文）。その内容について4～5問程度の設問があります。設問には**診断問題と助言問題の2種類**があります。診断問題

は内部環境や外部環境を分析させる問題で、助言問題は、経営戦略や機能別戦略について何らかの提案をさせる問題です。いずれも、各設問について解答を20字から多くて200字程度、1科目全体では500字～600字強で書くように指定されます。

1.1.3 合格基準

筆記試験の合格基準は、「4科目の合計が総点数の60％以上で、かつ1科目でも満点の40％未満がないこと」とされています。つまり、**4科目合計で240点以上を獲得すれば合格**です。ただし40点未満の科目が1つでもあると不合格です（いわゆる「足切り」）。

科目別得点と合否の例 (図表1-3)

事例Ⅰ	事例Ⅱ	事例Ⅲ	事例Ⅳ	合計	合否	備考
60点	60点	60点	60点	240点	合格	
50点	60点	60点	70点	240点	合格	60点未満あり
39点	60点	60点	85点	244点	不合格	事例Ⅰで足切り

1.1.4 採点基準

第2次試験は第1次試験と違い、正解または**模範解答が公表されていません**。また、採点基準も公表されていません。これらの公表がないことが、この試験への対策をいっそう難しくしています。

試験後、口述試験の合格発表と同じ時期に**「出題の趣旨」**が公表されます。これが採点基準を推測させる唯一の公表資料です。

> **令和2年度　事例Ⅰ　第3問　出題の趣旨**
>
> 　主たる販売方法がルートセールス方式から直販方式に変更される際に、営業担当に求められる能力が、どのように変化するのかについて、分析する能力を問う問題である。

「出題の趣旨」はその名のとおり「趣旨」を説明しているだけで、具体的に、どのような解答だと何点かなどの情報は公開されていません。過去の「出題の趣旨」からいえることは、以下のような能力が要求されているということです。

● 過去の「出題の趣旨」に書かれた「問われている能力」の例

科目共通
- ・理解力・分析力
- ・説明する能力
- ・分析力・課題発見力、原因究明力
- ・問題解決能力
- ・助言能力

事例Ⅱ（上記に加えて）
- ・提言する能力
- ・情報整理能力
- ・分析結果から顧客層を特定・抽出する能力
- ・新商品開発・既存商品改良の提案能力

事例Ⅳ
- ・財務比率を算出する能力
- ・財政状態及び経営成績について分析し説明する能力
- ・財務諸表を計算・作成する能力
- ・損益分岐点売上高（あるいは将来キャッシュフロー、回収期間、正味現在価値など）を計算・算定する能力、また、計算において条件が変化する場合に応用する能力、および、算定結果に基づいた意思決定の方法に関する知識
- ・財務的な理解力・説明能力
- ・特定の会計処理に関する知識
- ・財務状況の原因を推定する能力
- ・原価構造を理解することによって目標を設定する能力
- ・CVPの手法による分析能力
- ・採算性の判断能力

1.2　事例問題に触れてみる

　中小企業診断士第２次試験の筆記試験は実際にどんな試験なのかを見てみましょう。以下に掲載しているのは、AAS 東京の模擬試験で実際に使用した事例Ⅰ（組織・人事戦略）の事例問題です。形式も出題内容も本試験の傾向を分析した上で作成したものです。

（事例問題ここから）

事例問題

　　A 社は、道路の区画線や標識設置工事などを行う企業である。資本金は 5,000万円、売上高は 10 億円、従業員は 80 名である。A 社の 100％子会社である F社とあわせ、グループ全体で 110 名の従業員を擁しており、A 社が事業を行っている地方の同業者の中では比較的大きな企業である。8 年前に F 社を買収した直後は利益率が悪化した時期もあったが、現在は利益率も改善している。

　　A 社は、1960 年代に創業し、高度成長期の道路工事需要の高まりを背景に、道路の区画線工事の専門業者として右肩上がりの成長を遂げてきた。A 社が事業を行っている道路工事業界は、公共工事が業務の主力であり、A 社も売上のほぼ 100％が県や国土交通省、または NEXCO から発注される事業である。

　　建設業は全般に公共事業の動向に業績を大きく左右されるが、中でも道路工事業は特にその傾向が強いといえる。道路工事を含めた公共工事需要は 1980 年代から減少傾向に転じ、東日本大震災の復興需要やわが国全体のインフラメンテナンス需要で下支えされてはいるものの、中長期的にはゆるやかな減少傾向が続いており、今後も需要の増加が見込めない状況にある。

　　A 社では、2000 年頃から売上の減少が顕著になり、なんらかの新規事業へ進出することが課題となっていた。しかし、新事業分野は既存の工事事業と親和性の高い分野でなければ経済性が発揮できないため、進出すべき分野については慎重な模索が続いていた。そのような中、道路標識の製造事業者で、A 社社長の知り合いでもあった F 社のオーナー経営者から、後継者不在を理由とした経営譲渡の相談があった。F 社は、業歴が古く、地元の業界では名の知れた、発注元から信頼されている企業である。A 社は当時、道路の区画線工事に関連して道路標識の設置工事も行っていたが、道路標識は他社から仕入れていた。F社とは道路標識関連の事業で親和性があり、買収によって規模の経済性を発揮できる可能性があると判断した A 社社長は、最終的に M&A を実施した。

　　A 社社長は、M&A を行うにあたって、F 社を吸収合併することはせず、別

会社として存続させ、F社の社名を変更していない。また、F社の社長には、長年F社で働いていた50歳代の人材を後継者として任命しF社の経営を任せている。当初の話では後継者不在とのことだったF社だが、A社社長が目をつけた人材に新社長として就任するよう説得し、手続き面、財務面に至るまでの支援をA社が全面的に担うことで、F社生え抜きの人材が社長を務める体制が整った。

　M&Aを行った当時、F社は道路標識の製造だけでなく設置工事も行っていた。しかし、全体として業績は芳しくなかった。A社社長は、F社の工事部門の従業員をA社に移籍させて工事部門の所属とした。移籍にあたっては、給与水準を高めに設定したこともあって人件費などの固定費が増大したのはもちろんのこと、相応の社内環境整備や最低限の入社研修などの一時費用も発生したが、M&Aにともなう一人の離職者も出さず、雇用を守ることができた。

　F社においては、残された製造部門に経営資源を集中することにより、意思決定が迅速化した。F社の従業員も、M&Aを機に、あらためてF社に対する帰属意識や社内の一体感を感じるようになり、業績を改善させるという、F社の新社長が掲げる目標を共有している。

　従来のF社は、標識の設置工事も自社で行っていたが、A社の傘下に入ってから、工事についてはA社に発注すればよいことになった。顧客から見れば、道路標識の製造と設置工事をワンストップで行える数少ない事業者であることには変わりがなく、体制が脆弱であった以前のF社に比べて、むしろ発注から設置までがスムーズになったと評判になっている。またA社は、F社からの標識設置工事の受注が入るようになって売上高が増大し、利益率も改善した。

　一般に建設・土木業界では、入札できる営業エリアが限られていることが多いため、同一地域で多くの同業者が限られた仕事を分け合うことになる。このため、同業者どうしの競争と同時に、横のつながりも生まれやすい。このことは、収益向上を考える時に、業界再編を後押しする要因になりがちである。A社とF社の場合、M&Aはひとまず成功したといってよい。

　課題もある。そのひとつが、労働生産性の向上である。道路工事は公共事業であるため単年度主義であり、4月に始まり3月に終わるという案件が多い。なかでも、道路の区画線や標識の設置は道路工事の工程において最終段階にあたることから、第4四半期（1〜3月）に工事が集中する。この繁忙期に必要な人数の従業員を、年間通じて雇用することは難しいため、A社でも繁忙期には長時間の残業や休日出勤が発生し、労働生産性を下げている。

　道路区画線工事と標識設置工事は担当できる技術を持った従業員が分かれて

いるため、同じ繁忙期でも、細かく見れば、区画線工事の担当者は比較的手が空いているのに、標識設置工事の担当者が足りない、あるいはその逆、といった状況が頻繁に起きている。

　もうひとつの課題は、従業員の確保と定着率の向上である。2000年代に入ってから、建設業全体に人手不足と採用難が深刻化している中、就業中の従業員の離職は避けなければならない。現在のA社グループは定着率が低い状況にはないが、子育てや介護に少なからず苦労している従業員が出始めている。また、M&A前からのA社従業員とF社出身の従業員の間で仕事の評価基準が異なるのではないかとの不安を持っている従業員もいるらしい。

　A社社長も、60歳代半ばにさしかかって、自身の事業承継について考えるようになっている。次代を担う経営者はできればグループ内の人材であってほしいが、建設業界の先行きが不透明な中、特に地方の建設業者は難しい経営判断を迫られるため、次の経営者には相応の資質と経験が必要であろうとA社社長は考えている。

第1問（配点20点）
　A社がM&Aを実施するに至った背景には、道路工事業界の、どのような特徴があると考えられるか。100字以内で述べよ。

第2問（配点20点）
　F社を買収した直後、A社の利益率は、F社を買収する前よりも悪化したが、その後、改善した。A社の利益率の悪化と改善の要因を120字以内で説明せよ。

第3問（配点40点）
　A社社長は、F社を別会社として存続させることを選択した。その理由として、F社の知名度や顧客基盤をA社グループで活用できること以外に、どのようなことが考えられるか。以下の設問に沿って答えよ。

（設問1）
　F社が別会社であることは、組織構造の面で、A社グループにどのようなメリットを与えているか、80字以内で説明せよ。

（設問2）
　A社社長は、買収後もF社の社名を変更せず、F社の社長にはF社出身の

人材を据えて経営を任せている。その理由として、どのようなことが考えられるか。100字以内で答えよ。

第4問（配点20点）
　A社は、労働生産性の向上と従業員の定着率向上のために、どのような施策をとるべきか、120字以内で提案せよ。

（事例問題ここまで）

　いかがでしょうか。本試験では、上記のような問題文と別に、マス目が書かれた解答用紙が与えられます。解答用紙は回収されますが、問題用紙は持ち帰ってもよいことになっています。

　第2次試験について、詳しくは受験案内を参照してください。中小企業診断協会のホームページからダウンロード、または郵送で取り寄せることができます。

　なお、次章以降で「2次試験」と記載されている場合は、中小企業診断士第2次試験の筆記試験を指すものとします。

第2章

解法の全体像

最初に、本書の解法の全体像を概観します。

解法を 25 の工程に分解し「答案作成の工程表」として整理
したものです。

2.1 事例問題を解くとは

　事例問題を解くとは、どういうことでしょうか。

　本書では、解答作成作業を、事例問題というインプットから答案というアウトプットを生産する「製造工程」だと考えています。一定の品質（Q）の答案を一定の納期（D）で完成させなければなりません。生産方式はセル生産です。

　2次試験の**解法を確立すること**は、**製造工程を確立すること**です。このセル生産の工程は大きく3つのメイン工程に分かれています。すなわち**「読む」「考える」「書く」**の3つの工程です。

事例問題を解くとは　　　　　　　　　　　　　　　　　　　　　　　　　　　　（図表2-1）

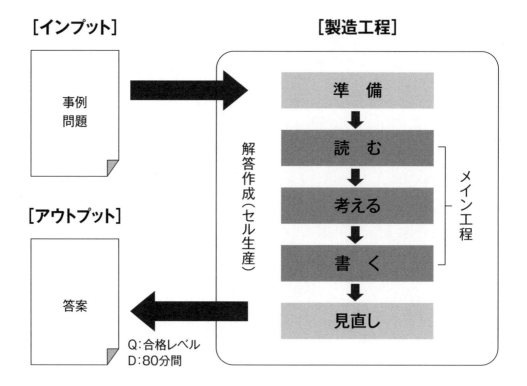

2.2 答案作成の工程表

2.2.1 答案作成の工程表

解答作成の「製造工程」を、さらに**25の工程**に細分化したものが**図表2-2**です。以後、本書を通じて、この各工程を順番に説明します。

答案作成の工程表（事例Ⅰ～Ⅲ） （図表2-2）

大分類		工程	作業内容	所要時間	経過時間	対応
準備		01	受験番号を記入する	1分間	00分	自動化
		02	メモ用紙を作る			
		03	形式段落の間に線を引く			
		04	与件文の分量を確認する			
		05	解答文字数を確認する			
		06	時間配分を設定する		01分	
読む		07	事例企業の業種などを把握する	3分間		
		08	社長の相談事（経営課題など）を把握する			
		09	設問文を読む		04分	
		10	与件文を読む（1回目）：精読	12分間	16分	
		11	与件文を読む（2回目）：整理	3分間	19分	
考える	マクロ	12	環境分析を行う	5分間		個別対応
		13	経営戦略を考える			
		14	経営戦略のための機能別戦略を考える			
		15	設問間の関係性を確認する		24分	
	ミクロ	16	文章構成を決める	16分間		パターン化
		17	主語・述語を決める			
		18	与件文へのリンクを確認する			
		19	解答の切り口を決める			
		20	切り口ごとの論点を決める			
		21	未使用の段落がないか確認する			
		22	弱みを放置していないか確認する			
		23	各設問の時間配分を決める		40分	
書く		24	解答を記入する	38分間	78分	自動化
見直し		25	記入した解答のチェックを行う	2分間	80分	

2.2.2 80分中、75分は試験前に準備できる

　詳しくは後述しますが、**図表2-2**の80分の工程のうちほとんどが、訓練によって**自動化ないしパターン化**できます。

　一方、**図表2-2**で右側に「**個別対応**」と書いてある5分間は自動化が難しい部分です（事例によって異なり、試験問題を見るまでわからない）。

　2次試験の試験勉強はこの、①事前にわかっていることの準備をすることと、②事前にわからない個別対応のために過去問から傾向を学ぶこと、の2つに大別できるといえます。本書では①を説明し、さらに②の概要を解説しています。②の詳細については科目別の解説書を参照していただく必要があります。

2次試験の勉強は2つに大別できる　　　　　　　　　　　　　　　　　　　　　（図表2-3）

対象	本試験で使う時間	勉強方法	本書との対応
①事前にわかっていること	75分間	自動化・パターン化の訓練	本書
②問題を見るまでわからないこと	5分間	過去問から傾向を学び対策をたてる	概論は本書、各論は科目別の解説書等

2.2.3 タイムマネジメント

　図表2-2の工程を実行する際、作業時間管理（タイムマネジメント）を適切に行うことが極めて重要です。ある意味で、これができれば試験準備のかなりの部分は完成といってもよいぐらいです。

　タイムマネジメントは各自で調整が必要です。書くのが遅い人もいれば速い人もいます。自分にあったタイムマネジメントを確立してください。また、事例によって与件文の長さ、解答文字数が少しずつ違いますので、本試験の現場で微調整ができる余地を残しておきましょう。

第3章

準 備

工程	作業内容	所要時間	経過時間
01	受験番号を記入する		00分
02	メモ用紙を作る		
03	形式段落の間に線を引く	1分間	
04	与件文の分量を確認する		
05	解答文字数を確認する		
06	時間配分を設定する		01分

3.1 最初の1分間

　この章で説明するのは、試験当日、問題文が配られ、試験官が「始め！」と宣言したら最初に行う手順です。メインの工程の最初である「読む」の前に行う、1分程度の準備作業です。考えず、機械的に行います。この単純作業を行うことが、本試験の独特な雰囲気の中で平常心を保つのに役立ったという合格者は多くいます。

3.1.1 受験番号を記入する　　　　　　　　　　　　　　　工程01

　毎年、受験番号を書き忘れる受験生がいます。こんなところでそれまでの努力が水の泡になってしまうことがないように、80分の工程の1つとしてしっかり認識し、最初に書くようにしてください。

3.1.2 メモ用紙を作る　　　　　　　　　　　　　　　　　工程02

　問題用紙は与件文と設問文をあわせてB5サイズ4〜6ページあり、表紙をつけてホチキスでとめた中綴じ印刷になっています。本書では、この工程で**表紙を綴じ部分から外すこと**を推奨しています。表紙の裏側は白紙になっており、取り外すことで大きな（B4）メモ用紙になります。また与件文の紙数が減って扱いやすくなる効果もあります。

　他のやり方（1ページずつ切り取る、そもそも切り取らないなど）が好みにあうという場合でも、自分の手順は決めておきましょう。

3.1.3 段落の間に区切り線を引く　　　　　　　　　　　　工程03

　段落と段落の間に区切り線を引きます。定規を使って引くか、フリーハンドで引くかは各自の好み次第です（定規が持ち込み可能かは試験案内で要確認）。ここでいう「段落」は、与件文が1字下げで始まっている「形式段落」のことです。過去の本試験の与件文は10〜15段落程度で構成されています。

　この作業は重要でないと感じるかもしれませんが、本書では推奨しています。与件文は「なんとなく」段落に分けられているわけではありません。**段落の構成には出題者の意図が表れています。**それを限られた時間で正確に把握するため、また、**設問と段落のおおまかな関連づけ**を容易にして見落としを防ぐために、線を引くことは有効です。

形式段落の間に区切り線を引く （図表3-1）

3.1.4 与件文の分量を確認する 工程04

　最初に与件文のおおよその分量を把握します。事例Ⅰ～Ⅲでは与件文は B5 サイズ 2 ～ 3 ページ、文字数にすると約 2,000 ～ 3,000 文字（1 ページは 38 文字 × 29 行 = 1,102 文字）です。2 ページと少しなのか、3 ページ近くあるのか、という程度でオーケーです。

3.1.5 解答文字数を確認する 工程05

　その事例問題で要求されている全設問の解答文字数の合計を把握します。事例Ⅰ～Ⅲでは例年 500 文字～ 600 文字です。それよりも大幅に多いかどうかを確認しておきます。総文字数を確認するには解答用紙の行数を数える方法が有効です。解答用紙は原則的に 1 行が 20 文字になっていますので、行数を数えることで、設問文の文字数を拾っていくよりもスピーディーに計算できます。（25 行であれば、25 行 × 20 文字 = 500 文字と計算できます。）

3.1.6 時間配分を設定する 工程06

　工程04 と 工程05 で把握した与件文と解答文の分量をもとにタイムマネジメントの微調整を行います。特に 工程05 の解答文字数については、タイムマネジメントに与える影響が大きいものです。解答文字数が 600 字を大きく超える場合には、読む時間や考える時間を短くして、書く時間を長く確保する必要があるでしょう。このような調整を準備工程で行っておくことで、他の受験生よりも有効に 80 分を使うことができるようになります。

　以上で「準備」は終了です。さあ、事例の世界に入っていきましょう。

第4章

読 む

工程	作業内容	所要時間	経過時間
07	事例企業の業種などを把握する		
08	社長の相談事（経営課題など）を把握する	3分間	
09	設問文を読む		04分
10	与件文を読む（1回目）：精読	12分間	16分
11	与件文を読む（2回目）：整理	3分間	19分

4.1　「読む」とは

4.1.1　2次試験における「読む」工程

与件文や設問文を「読む」とは、**情報を整理する**作業です。

工程表の (工程07) 〜 (工程11) がこれにあたります。**使える時間は 18 分程度**です。時間内で正しく「読む」ためには、本章で説明するような訓練をする必要があります。

真に正しく読むことができれば、半分は合格したようなものだといわれます。それぐらい、正しく読むことは難しく、だからこそ合否を分ける、きわめて重要な工程です。

4.1.2　「読む」とは部分と全体をつなげること

「読む」とは何でしょうか。一文一文に書かれている意味や内容を理解することなのはもちろんですが、文章（与件文）全体として出題者（作者）が何をいいたいのかを理解することも必要です。**「部分に分けて理解する」**ことと**「全体をつなげる」**ことのどちらが欠けても合格から遠ざかります。

「部分に分けて理解する」ことは、**虫の目**（ミクロ視点）で、細かく読むことを意味します。語句の一つ一つを国語で分解し、**「出題者がなぜその語を書いたのか」**の意図を探ることです。

一方、「全体をつなげる」とは、**鳥の目**（マクロ視点）で読むことを意味します。文と文の関係、段落と段落の関係を理解し、文章全体の内容と要点を把握することです。

一言で言えば、第2次筆記試験において読むとは**「全体を考えるために分解する」**作業です。

4.1.3　出題者とのコミュニケーション

▶ 出題者は模範解答を持っている

推測ですが、第2次筆記試験の模範解答や採点基準は存在します。公開されていないだけで、少なくとも出題者（採点者）の手元にはあるはずです。出題者が受験生に「このように書いてほしい」という模範解答例があり、出題者は、**受験生が模範解答例を導けるように与件文と設問文を書いている**と考えられます。

▶ 設問文は解答を制約するためにある

出題者は受験生が書く解答のバリエーションが広がり過ぎないよう、解答の幅を絞り込むために、設問文に制約条件を付けています。

この**設問の制約条件**については後ほど「考える」の工程で詳しく説明しますが、1つ実例を見てみましょう。

令和２年度　事例Ⅱ　第４問

　B社社長は、自社オンラインサイトのユーザーに対して、X島宿泊訪問ツアーを企画することにした。社長は、ツアー参加者には訪問を機にB社とX島のファンになってほしいと願っている。

　絶景スポットや星空観賞などの観光以外で、どのようなプログラムを立案すべきか。100字以内で助言せよ。（下線筆者）

　出題者は「絶景スポットや星空観賞などの観光以外で」という言葉をわざわざ入れています。これに対して、絶景スポットや星空観賞などの観光のプログラムを解答してしまっては、どんなに上手に書いても、まず点は入りません。複数の制約条件を80分の時間制限の中で全て見落とさずに反映させることは、思いのほか難しいものです。

▶ **出題者が埋め込んだヒントを探る**

　出題者は、受験生を模範解答例に導くために、与件文や設問文に制約条件を埋め込んでいます。読み取ってほしいことを**目立つ言葉**を使ったり、**繰り返し**たりして強調します。表、グラフなどで表現する場合もあります。それが、解答のヒントになります。

　受験生は、出題者の意図を正しく読み取り、出題者が意図した答えを出題者に伝えます。つまり、**第２次筆記試験は出題者と受験生のコミュニケーションです。**与件文と設問文、解答を通じて、出題者とコミュニケーションを取れるかどうかを判定する試験であるともいえます。

　そういう意味で「読む」と「書く」は表裏一体です。「読む」工程で出題者の意図どおりに情報を「受け取りましたよ」というアピールを、解答を「書く」工程で出題者に伝え返す、というキャッチボールだといえます。

２次試験は出題者と受験生のコミュニケーション　　　　　　　　　　　　　（図表4-1）

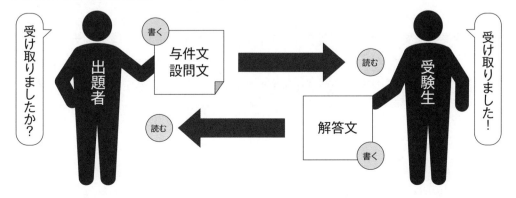

4.1.4 事例のテーマを把握する

　出題者は、事例企業の「あるべき姿、目標、ゴール、方向性」を持っています。事例の
テーマと言ってよいでしょう。事例テーマというゴールを掲げて、それに向かって経営課
題を解決していく、その診断・助言のストーリーが各設問だと考えられます。

　つまり、事例テーマがあって、初めてそこにたどり着くためのルートを描くことができ
るのです。当たり前のことのようですが見落とされがちなことです。なぜなら**事例テーマ
がなくても、一応、設問に対する答えは書けてしまう**からです。しかし、それでは**場当た
り的な、一貫性のない解答**になってしまいます。方向性が定まっていないまま解答を書き
始めてしまうと、解答全体が一つのストーリーを持たず、経営者に提出する「提案書」と
して成り立たないことになってしまいます。

事例テーマへ向かう診断・助言ストーリーが設問である　　　　　　　　　　　　（図表4-2）

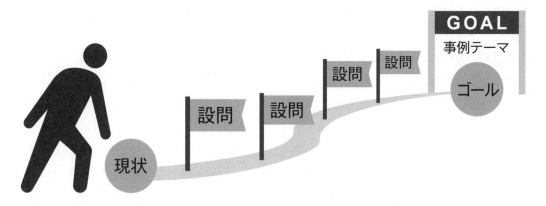

4.1.5 与件文のストーリーを理解する

　各設問が診断助言のストーリーであるのと同時に、与件文自体にもストーリーがありま
す。起承転結ともいえます。詳しくは 工程11 の説明で触れますが、多くの事例で与件
文はおおむね次のようなストーリー展開になっています。

---

①企業の概要　　②企業の歴史　　③転機　　④現在の状況　　⑤事例テーマ

　以上、設問の制約条件や出題者が与件文に埋め込んだヒントなどの**「部分」**と、事例テー
マや与件のストーリーという**「全体」**があることを説明しました。繰り返しますが、この
2つ、**部分と全体**をつなげることが「読む」工程です。

4.2 「読む」際に意識すべき表現

　「読む」工程の説明に入る前の予備知識として、与件文や設問文で**意識すべき日本語表現**をまとめておきます。出題者は気ままに文章を書いているわけではありません。表現には理由があります。それを意識するのとしないのとでは理解の速度と深さが大きく変わってきます。具体的には、**接続詞、時制、わざわざ表現、解答を促す表現**を意識します。

4.2.1 接続詞

　接続詞を丁寧に意識することで出題者の意図を正しく読み取ることができます。

与件文に登場する接続詞の活用法　　　　　　　　　　　　　　（図表4-3）

本書の分類	細分	接続詞の例	活用法
順接系	順接	だから、したがって、結果、それで、そこで、すると	接続詞の前の情報が後のことがらの理由や原因となり、因果関係や結論を示している。
	並列	また、同時に、および、ならびに	接続詞の前後が切り口になる。
	添加	さらに、そのうえ、しかも、そして	
	選択	あるいは、または、それとも、もしくは	
	説明	なお、つまり、すなわち、要するに、もっとも、例えば、なぜなら	因果・結論、補足。接続詞の後に重要なヒント（分析の視点など）が置かれる場合がある。
逆接系	逆接	しかし、けれども、ところが、だが、でも、～が、とはいえ	接続詞の後に、強調したい内容が書かれている。例＝克服すべき課題（弱み・脅威）、ときに強み。
	転換	ところで、さて、では、それでは、ときに	接続詞の後に、克服すべき課題（弱み・脅威）が書かれている。

　過去問で実例を見てみましょう。

● 例1：「なお」の後に、重要なヒントが書かれている。

令和3年度　事例Ⅱ

　地元産大豆、水にこだわった豆腐は評判となり、品評会でも度々表彰された。**なお、**X市は室町時代に戦火を避けて京都から移り住んだ人々の影響で、小京都の面影を残している。

令和2年度　事例II

　結果、従業者1人当たり25名前後の固定客を獲得するに至り、繁忙期には稼働率が9割を超える時期も散見されるようになった。**なお、顧客の大半は従業者と同世代である。**

令和元年度　事例II

　Yさんも社長の誘いを受け、起業に参加した。**なお、**Yさんはその時期、前職の貸衣装チェーン店が予約会を開催し、人手が不足する時期に、パートタイマーの同社店舗スタッフとして働いていた。

平成29年度　事例III

　この新規事業では、機械加工班と製缶板金班が同じCNC木工加工機の部品加工、組み立てに関わることとなる。**なお、最終検査は設計担当者が行う。**

● **例2：「また」や「さらに」の前後を解答の切り口にできる。**

令和3年度　事例III

　C社社長は今後、大都市の百貨店や商業ビルに直営店を開設して、自社ブランド製品の販売を拡大しようと検討している。ただ、製品デザイン部門には新製品の企画・開発経験が少ないことに不安がある。**また、製造部門の対応にも懸念を抱いている。**

➡「製品デザイン部門」と「製造部門」が切り口になり得ると読む。

令和2年度　事例I

　酒造りは杜氏やベテランの蔵人たちが中心になり、複雑な事務作業や取引先との商売を誰よりも掌握していたベテランの女性事務員が主に担当した。**また、**A社長にとって経験のないレストラン経営や売店経営は、祖父に教えを請いながら徐々に仕事を覚えていった。

➡「酒造り」と「レストラン経営や売店経営」が切り口になり得ると読む。

平成30年度　事例Ⅲ

　金型は顧客からの支給品もまだあり、C社内で統一した識別コードがなく、また置き場も混乱していることから、成形加工課の中でもベテラン作業者しか探すことができない金型まである。**また、使用材料は、仕入先から材料倉庫に納品されるが、その都度納品位置が変わり探すことになる。**

➡「金型」と「使用材料」が切り口になり得ると読む。

平成29年度　事例Ⅲ

　C社では創業以来、顧客の要求する加工精度を保つため機械の専任担当制をとっており、そのため担当している機械の他は操作ができない作業者が多い。**また、各機械の操作方法や加工方法に関する技術情報は各専任作業者それぞれが保有し、標準化やマニュアル化は進められていない。**

➡「専任担当制」と「標準化・マニュアル化」が切り口になり得ると読む。

● 例3：「しかし」の後に強調したい内容がある。

令和3年度　事例Ⅰ

　こうした社内の人材の変化を受けて、紙媒体に依存しない分野にも事業を広げ、ウェブ制作、コンテンツ制作を通じて、地域内の中小企業が大半を占める既存の顧客に向けた広告制作へと業務を拡大した。**しかしながら、新たな事業の案件を獲得していくことは難しかった。**

令和2年度　事例Ⅰ

　A社長は、この10年、老舗企業のブランドと事業を継いだだけでなく、新規事業を立ち上げ経営の合理化を進めるとともに、優秀な人材を活用して地元経済の活性化にも大いに貢献してきたという自負がある。**しかしながら、A社の人事管理は、伝統的な家族主義的経営や祖父の経験や勘をベースとした前近代的なものであることも否めない。**

平成29年度　事例Ⅱ

　データベースはリピーターである重要顧客からなる100件強の小規模なものであるが、1件の情報は非常に詳細なものとなった。**しかし、活用方法は見いだせずにおり、課題となっている。**

> **平成27年度　事例Ⅱ**
>
> 　現在の代表理事も以前は、持ち回りで選出された他の理事と同じように、運営に対して消極的な理事の一人であった。**しかし、寝具店の後継者が決定後、県が主催したセミナーで全国の商店街活性化事例を目にした。このセミナーをきっかけに、後継者が将来にわたり寝具店を経営し続けるためには、商店街全体の活性化が必要**であると感じ…（略）

4.2.2　時制の表現

　「読む」工程では、過去・現在・未来の時系列で情報を整理することが大切です。「19XX年代」、「最近では」、「〜の時代には」などの表現に注意します。

> **令和3年度　事例Ⅰ**
>
> 　A社は首都圏を拠点とする、資本金2,000万円、従業員15名の印刷・広告制作会社である。**1960年に**家族経営の印刷会社として創業し、**1990年より**長男が2代目として引き継ぎ、**30年にわたって**経営を担ってきたが、**2020年より**3代目が事業を承継している。
>
> 　**創業時**は事務用品の分野において、事務用品メーカーの印刷下請と特殊なビジネスフォームの印刷加工を主な業務としていた。
>
> 　**当初は**印刷工場を稼働しており、職人が手作業で活字を並べて文章にした版を作って塗料を塗る活版印刷が主流で、製版から印刷、加工までの各工程は、専門的な技能・技術によって支えられ、社内、社外の職人の分業によって行われてきた。
>
> 　しかしながら、**1970年代から**オフセット印刷機が普及し始めると、専門化された複数の工程を社内外で分業する体制が崩れ始め、それまで印刷職人の手作業によって行われてきた工程が大幅に省略され、大量・安価に印刷が仕上げられるようになった。
>
> 　さらに**2000年より**情報通信技術の進化によって印刷のデジタル化が加速し、版の作成を必要としないオンデマンド機が普及することによって、オフィスや広告需要の多くが、より安価な小ロット印刷のサービスに置き換わっていった。とりわけ一般的な事務用印刷の分野においては…（略）

> **令和2年度　事例Ⅰ**
>
> 　江戸時代から続く造り酒屋のA社は、現在のA社長と全く血縁関係のない旧家によって営まれていた。戦後の最盛期には酒造事業で年間2億円以上を売り上げていた。しかし、**2000年代になって**日本酒の国内消費量が大幅に減少し、A社の売上高も

半分近くに落ち込んでしまった。そこで、旧家の当主には後継者がいなかったこと
もあって廃業を考えるようになっていた。（中略）地元の有力者の協力を仰ぐことを
決めた。

　最終的に友好的買収を決断したこの有力者は、飲食業を皮切りに事業をスタート
させ次々と店舗開拓に成功しただけでなく、**30年ほど前**には地元の旅館を買収して
娘を女将にすると、全国でも有名な高級旅館へと発展させた実業家である。（中略）
インバウンドブームの前兆期ともいえる当時、日本の文化や伝統に憧れる来訪者
にとっても、200年の年月に裏打ちされた老舗ブランドは魅力的であるし、それが
地域の活性化につながっていくといった確信が買収を後押ししたのである。そして、
当時首都圏の金融機関に勤めていた孫のA社長を地元に呼び戻すと、老舗酒造店の
立て直しに取り組ませた。

　幼少時から祖父の跡を継ぐことを運命づけられ、自らも違和感なく育ってきたA
社長は金融機関を退職し帰郷した。経営実務の師となる祖父の下で、**3年近くに及
ぶ**修行がスタートした。

令和元年度　事例Ⅰ

　2000年代後半に父から事業を譲り受けたA社長は、**1990年代半ば**、大学卒業
後の海外留学中に父が病気となったために急きょ呼び戻されると、そのままA社に
就職することになった。

　A社長入社当時の主力事業は…（中略）。**かつて、**たばこ産業は厳しい規制に守ら
れた参入障壁の高い業界で…（中略）、最盛期には現在の数倍を超える売上を上げる
までになった。しかし、**1980年代半ば**に公企業の民営化が進んだ頃から…（中略）
市場の縮小はますます顕著になった。しかも**時を同じくして**、葉たばこ生産者の後
継者不足や高齢化が急速に進み、…（中略）。**こうした中で**、A社の主力事業である
葉たばこ乾燥機の売上も落ち込んで、**A社長が営業の前線で活躍する頃には**経営の
根幹が揺らぎ始めていたといえる。とはいえ、売上も**現在**の倍以上あった上、一新
入社員に過ぎなかったA社長に…（中略）。

　しかし、**2000年を越えるころ**になって、小さな火種が瞬く間に大きくなり、
2000年代半ばには、大きな問題となった。すでに**5年以上**のキャリアを積み経営
層の一角となってトップ就任を目前にしていたA社長にとって…（中略）。**古き良
き時代**を知っている古参社員たちがそう簡単に受け入れるはずもなかった。そして、
二代目社長が会長に勇退し、新体制が発足した。

　危機感の中でスタートした新体制が最初に取り組んだのは、**長年にわたって**問題
視されてきた高コスト体質の見直しであった。（中略）そこで、A社の**これまでの**事
業や技術力を客観的に見直し、時代にあった企業として再生していくことを目的に、

… （中略）。

… （中略）**長年にわたって苦楽を共にしてきた従業員に退職勧告すること**は、…（中略）。その結果、**3年の時を経て**、葉たばこ以外のさまざまな農作物を乾燥させる機器の製造と…（中略）**背水の陣で立ち上げたHPへの反応は、1990年代後半**のインターネット黎明期では考えられなかったほど多く…（略）

時系列の理解はとりわけ**事例Ⅰの場合**に重要です。企業の歴史的展開の中で培われた強み、転機（外部環境の変化等）など、いつ、どんなことがあったのかを正確に理解する必要があります。

4.2.3 わざわざ表現

読み手（受験生）に気づかせる目的で、目立つように強調した表現があります。これは、出題者からの強いメッセージですから、「わざわざ表現」と呼んでいます。

「わざわざ表現」の例 （図表4-4）

気になる言葉	「評判」＝強み、「できていない」＝弱み、など
環境変化	「最近…」、「近年…」、「ここ数年…」など。
かぎかっこ「　」	出題者が、ある言葉(キーワード)を強調したい場合に使われる。
まるかっこ（　）	補足説明。出題者の自信のなさ（読み手が理解するかどうか不安）の表れ。したがって(逆に)理解する必要がある。 一般的でない言葉が繰り返される場合に初出箇所で使われることも多い。繰り返される語は当然重要なキーワードである。
独自の言い回し	注目させている。事例を考えるヒントにする。
追加された情報	もちろん、いっそう、とりわけ、ばかりでなく、さらに、加えて、など。とってつけたような文になっていることもある。

● **例1：気になる言葉**

令和3年度　事例Ⅱ（改題）

若年層にはインスタントメッセンジャー（IM）によるテキストでのやり取りの方が好まれ、**自社の受注用サイトを作る計画もあったが、ノウハウもなく、投資に見合った利益が見込めないとの判断**によりIMで十分という結論に達した。

➡ **解決すべき弱みとして読む。**

令和２年度　事例Ⅲ

　この作業チームは１班５名で編成され、熟練技術者が各班のリーダーとなって作業管理を行うが、**各作業チームの技術力には差があり、高度な技術が必要な製作物の場合には任せられない作業チームもある。**

➡ **解決すべき弱みとして読む。**

令和元年度　事例Ⅱ

　２人が施術すれば満員となるような狭いスペースではあるものの、顧客からは落ち着く雰囲気だと**高い評価を得ている。**

➡ **強みとして活用できないかと読む。**

平成 30 年度　事例Ⅱ

　打てる手が限られる中、８代目が試しに従来の簡素な朝食を日本の朝を感じられる献立に切り替え、器にもこだわってみたところ、**多くの宿泊客から喜びの声が聞かれた。**

➡ **強みとして活用できないかと読む。**

● 例２：環境変化

令和３年度　事例Ⅱ

　近年、グルメ雑誌でＹ社サイトの新米、佃煮が紹介されたのをきっかけに、全国の食通を顧客として獲得し、サイトでの売上が拡大している。

➡ **環境変化が記述されていると読む。**

令和２年度　事例Ⅲ

　モニュメント製品は受注量が減少したこともあったが、**近年**の都市型建築の増加に伴い製作依頼が増加している。

➡ **環境変化が記述されていると読む。**

平成 30 年度　事例Ⅱ

　こうした影響を受け、**最近では、**ほとんどいなかった夜間の滞在人口は増加傾向

にある。（中略）

　　そのため、**ここ数年は**和の風情を求めるインバウンド客が**急増している**。

➡ 環境変化が記述されていると読む。

● 例３：かぎかっこ「　」

令和元年度　事例Ⅰ

　　こうして社内整備を図る一方で、自社のコアテクノロジーを**「農作物の乾燥技術」**
と明確に位置づけ、それを社員に共有させることによって、葉たばこ乾燥機製造に
代わる新規事業開発の体制強化を打ち出した。

➡ 強みとして強調されていると読む。

平成29年度　事例Ⅰ

　　17年の時を経て、共に苦労を乗り越えてきた戦友の多くが定年退職したA社は、
正に**「第三の創業期」**に直面しようとしているのである。

➡ 出題者は、第一の創業期、第二の創業期、第三の創業期の３段階で事例を整理してい
　るのではないかと読む。

● 例４：まるかっこ（　）

令和３年度　事例Ⅲ

　　自社ブランド製品は、部分縫製から立体的形状を要求される全体縫製のすべてを
一人で製品ごとに熟練職人が担当し、そのほとんどの作業は丁寧な手縫い作業（**手
作業**）で行われる。（中略）仕上工程は、（中略）最終工程を担当し、縫製工程同様
手作業が多く、熟練を要する。

➡ わざわざ手作業と略している意図があるのではないかと読む。

令和２年度　事例Ⅱ

　　社長は、セリ科のハーブY（**以下「ハーブ」と称する**）に目を付けた。このハー
ブはもともと島に自生していた植物で（中略）現在のB社は、このハーブ以外に、6
～7種類の別のハーブの栽培・乾燥粉末加工を行うようになっている。最近ではこ
のうち、安眠効果があるとされるハーブ（**Yとは異なるハーブ**）が注目を集めている。

➡ 略語の意味を確実に理解すべし、と読む。

平成 30 年度　事例Ⅲ

　C 社は、1974 年の創業以来、大手電気・電子部品メーカー数社を顧客（以下「顧客企業」という）に、電気・電子部品のプラスチック射出成形加工を営む中小企業である。（中略）

　プラスチック射出成形加工（以下「成形加工」という）とは、プラスチックの材料を加熱溶融し、金型内に加圧注入して、固化させて成形を行う加工方法である。（中略）

　C 社のプラスチック射出成形加工製品（以下「成形加工品」という）は、顧客企業で電気・電子部品に組み立てられ…（中略）。

　最近 C 社は、成形加工の際に金属部品などを組み込んでしまう成形技術（インサート成形）を習得し、古くから取引のある顧客企業の 1 社からの受注に成功している。

➡ 繰り返されるキーワードであり、用語を確実に理解すべし、と読む。

● 例 5：独自の言い回し

令和 3 年度　事例Ⅱ

　「豆腐に旅をさせるな」といわれるようにできたての豆腐の風味が最もよく、豆腐と同じ水で炊き上げた新米との相性も合って毎年好評を得ていた。

➡ 踏まえるべき商品特性が強調されているのではないか、と読む。

令和元年度　事例Ⅰ

　しかし、2000 年を越えるころになって、小さな火種が瞬く間に大きくなり、2000 年代半ばには、大きな問題となった。（中略）

　その上、新しい事業に取り組むことを、古き良き時代を知っている古参社員たちがそう簡単に受け入れるはずもなかった。

➡ 重要なテーマに関連しているのではないか、と読む。

令和元年度　事例Ⅱ

　Y さんは七五三、卒業式、結婚式に列席する 30 〜 50 代の女性顧客に、顧客の要望を聞きながら、参加イベントの雰囲気に合わせて衣装の提案を行う接客が高く評価されており、同社に惜しまれながらの退職であった。

➡ この情報が活用できるのではないか、と読む。

平成29年度　事例Ⅰ

　17年の時を経て、共に苦労を乗り越えてきた**戦友**の多くが定年退職したA社は、正に「**第三の創業期**」に直面しようとしているのである。

➡ 重要なテーマに関連しているのではないか、と読む。

● 例6：追加された情報

令和3年度　事例Ⅲ

　検品工程では製品の最終検査を行っているが、**製品の出来栄えのばらつきが発生した場合、手直し作業も担当する。**

➡ とってつけたような情報には意味があるのでは、と読む。

令和2年度　事例Ⅲ

　通常、製作図および施工図の顧客承認段階では、仕様変更や図面変更などによって顧客とのやりとりが多く発生する。特にモニュメント製品では、造形物のイメージのすり合わせに時間を要する場合が多く、図面承認後の製作段階でも打ち合わせが必要な場合がある。**設計には2次元CADを早くから使用している。**

➡ とってつけたような情報には意味があるのでは、と読む。

令和元年度　事例Ⅰ

　生産農家だけでなく、それを取りまとめる団体のほか、乾物を販売している食品会社や、漢方薬メーカー、乾物が特産物である地域など、それまでA社ではアプローチすることのできなかったさまざまな市場との結びつきもできたのである。**もちろん、営業部隊のプレゼンテーションが功を奏したことは否めない事実である。**

➡ わざわざ追加している理由があるのではないか、と読む。

▶ 考えすぎない

　与件文に登場する「わざわざ表現」の全てが解答に直結するわけではありません。気にしすぎて疑心暗鬼（考え過ぎ）になってはいけません。形式だけで自動的に反応するのではなく、なぜその表現が使われているのかを適切に判断し取捨選択しながら読む必要があります。

　また、出題者が意図していないことまで**深読みしたり裏読みしたりしない**ように気をつ

けてください。「想像力の暴走」は試験対策上、命取りになります。

4.2.4 解答を促す表現

与件文に**図表4-5**のような表現があった場合は、何らかの形で解答において**解決する
よう促している**出題者のヒントだと考えられます。

解答を促す表現の例   (図表4-5)

出題者の表現	出題者が求める提案
「〜ができていない」など	〜を実現する
「〜が一般的である」など	〜と逆のことを行う
他社への依存、回避	自社で行う方向
顧客の要望	顧客の要望に従う
既存のやり方を続けている内容	改善

令和３年度　事例Ⅰ

　さらに新規の市場を開拓するための営業に資源を投入することも難しいために、
印刷物を伴わない受注を増やしていくのに大いに苦労している。

➡ **実現すべきことができていない状況を解決すべし**、と読む。

令和３年度　事例Ⅲ

　細分化した作業分担制で担当作業の習熟を図ろうとしているが、バッグを１人で
製品化するために必要な製造全体の技術習熟が進んでいない。

➡ **実現すべきことができていない状況を解決すべし**、と読む。

令和２年度　事例Ⅲ

　月次生産計画は、（中略）各作業チームの振り分けを行いスケジューリングされる。
Ｃ社の製品については基準となる工程順序や工数見積もりなどの**標準化が確立して
いるとはいえない**。

➡ **確立すべきものがされていない状況を解決すべし**、と読む。

令和元年度　事例Ⅱ

　デザイン重視の顧客と住宅地からの近さ重視の顧客は半数ずつとなっている。後者の場合、オプションを追加する顧客は少なく、**力を発揮したい2人としてはやや物足りなく感じている。**

➡ **強みが発揮されていない状況を解決すべし、と読む。**

以上の表現に注意しながら、次節で実際に読む工程を、順を追って説明します。

音読のススメ

「読む」工程での音読は効果的です。試験場で大きな声では読めませんが、口を動かし、小さな声（ほぼ無音）で音読します。黙読と比べて読むスピードが遅くなりますが、言葉にして自分の耳で聴くことになるので、読み飛ばしや読み間違いを防ぐことができると同時に、内容を理解しながら読むことができます。

4.3 「読む」工程

いよいよ実際の「読む」工程に入っていきます。この工程の全体像は**図表4-6**のとおりです。

「読む」工程 (図表4-6)

工程07	与件文　第1段落	事例企業の業種などの概要を把握。
工程08	与件文　最終段落	社長の相談事や、経営課題、目指す方向などを探す。
工程09	設問文　1回目	与件文を読みやすくするために各設問の題意と制約条件を把握する（詳しくは次章「考える」で説明）。
工程10	与件文を通読1回目（精読・虫の目）	後で確認しやすいように与件文を加工する。具体的には、段落の間を区切る。文と文の間を区切る。接続詞、時系列をマークする。SWOTのそれぞれをマークする。設問を念頭において、注意深く、解答の根拠やヒント（わざわざ表現）、キーワードになりそうな言葉をマークする。
工程11	与件文を通読2回目（整理・鳥の目）	全体の構成、段落間のつながり、内容、全体ストーリーを理解しながら読む。与件文から設問へのリンク（課題の解決）を確認する。

工程07 ～ 工程09 では、与件文を読む前に、事例問題の全体像を簡単に確認します。

4.3.1 業種や創業時期を把握する　　　工程07

　多くの場合、与件文の第1段落に事例企業の業種や創業時期などの概要が書かれています。それらを確認しておきます。

　業種については、メーカーか、小売りか、卸か、サービスか、製造・販売をする企業なのか製造のみか、「B to B」か「B to C」か、地理的条件はどうか、などを把握して、事例企業のビジネスモデルをイメージします。

　また、創業時期については、事例企業が現在、ライフサイクルのどのステージにいるのか（誕生期、成長期、成熟期、等）の目星をつけるのに役立ちます。例えば事例Ⅰの場合、各ステージの特徴的な組織的課題をイメージしておくと、後工程で与件文を読むときに理解がしやすくなります。

4.3.2 社長の相談事を把握する　　　工程08

　事例のテーマとなる、社長の相談事や大きな経営課題が書かれている場合があるので、簡単に確認しておきます。年度によるものの、過去の多くの本試験では、与件文の最終段落付近に書かれていました。ただし、さっと読んだだけではテーマがわからない場合もあるので、この時点で深追いはしません。工程07 も、この 工程08 も、次の 工程09 の準備です。

4.3.3　設問文を読む

工程09

　本格的に与件文を読み込む前に設問文を読みます。事例全体の要約（サマリー）として読むイメージです。これにより、与件文を読む際に注意すべき表現などに気づきやすくなります。

　また、このとき各設問の**題意と制約条件**をチェックします。具体的には、題意と制約条件にラインマーカーでマークをする工程です。題意と制約条件については「考える」の章、工程15 で詳しく解説しますが、まだ、心理的に余裕のある前半の 工程09 でマーキングをしておくことにより、題意や制約条件を外すケアレスミスを防止する効果があります。

設問文の題意と制約条件のラインマーキング　　　　　　　　　　　　　　　（図表4-7）

マーカー色	内容	例
赤（ピンク）	題意	問われている事の本質部分。
黄色	制約条件	与件文の要約、解答内容の制約。

4.3.4　与件文を読む（1回目）：精読

工程10

　ここまできて初めて本格的に与件文を読みはじめます。与件文は**2回通読**します。1回目は与件文を細かく精読します。**虫の目**（ミクロ視点）で、1文1文に何が書かれているのかを把握するために、マーキングしながら読みます。特に、接続詞やキーワードをチェックしていきます。

　この工程は、**後から振り返ったり、考えたりしやすいように、与件文という文字列を加工する工程**です。

①文と文の間に斜線を入れる

　文と文の間、つまり句点（。）の直後に**斜線「／」（スラッシュ）**を入れながら読みます。大学受験の現代国語対策などでもよく使われている手法です。文の区切りが明確になり、後で振り返ったときに**読み落としがなくなります**。

文と文の間に斜線を引く　　　　　　　　　　　　　　　　　　　　　　　（図表 4-8）

> 　C社は、建設資材を主体に農業機械部品や産業機械部品などの鋳物製品を生産、販売している。　／　建設資材の大部分は下水道や、埋設された電気・通信ケーブルのマンホールの蓋である。　／　農業機械部品はトラクターの駆動関連部品、産業機械部品はブルドーザーやフォークリフト、工作機械の構造関連部品などである。　／　取引先は、マンホール蓋については土木建設企業、農業機械部品や産業機械部品については…（略）

② SWOT でラインマーキングを行う

　本書では、与件文を正しく読み、また強み（Ｓ）と機会（Ｏ）の関係を視覚的に認識できるようにするために、ラインマーキングを推奨しています。与件文を読みながら、SWOT 分析にあたる情報をラインマーカーで色分けしていきます。マーカーの色は好みによりますが、本書で推奨しているものを以下に示します。

SWOTのラインマーキング

（図表4-9）

マーカー色	内容	活用
赤（ピンク）	①経営理念、社長の想い ②社長の相談事項、経営課題 ③社長の方針、取り組み	事例のテーマ把握 （何のための事例問題か） ⇒　①助言問題で活かす ⇒　②助言問題で解決する
オレンジ	機会、顧客ニーズ（Ｏ）	・Ｏ×Ｓで戦略立案（再構築） ・「最近」などの時系列キーワードに注目する
青	強み（Ｓ）	・Ｏ×Ｓで戦略立案（再構築） ・過去→現在にかけて探す ・第１問で問われるケースが多い
緑	脅威（Ｔ）、弱み（Ｗ）、機能別戦略レベルの問題・課題	機能別戦略レベルの設問で解決 （設問とのリンクを貼る）
黄色	企業概要、わざわざ表現、その他の重要キーワード	企業概要の把握、確認 解答に盛り込むキーワード

　マーカーは基本的に文章の下に細く線を引く形で使用します。また、重要だと思われるキーワードやわざわざ表現については、該当箇所を太く塗りつぶします。このように細線と太線を使い分けることで、後から振り返った時に与件文の重要部分に目がいきやすくなります。

③接続詞を囲む（逆接▽、順接○）

　接続詞はきわめて重要です。**読み落としなどのミスをなくすため、マーキングの記号を標準化**しておきます。一般に現代国語講座などでさまざまな記号が提案されていますが、本書では試験対策としての実用性を考慮し、シンプルに、**順接系は○、逆接系は▽**の２種類としています。

接続詞のマーキング

（図表4-10）

本書の分類	細分	接続詞の例	活用法	マーク
順接系	順接	だから、したがって、結果、それで、そこで、すると	接続詞の前の情報が後のことがらの理由や原因となり、因果関係や結論を示している。	○で囲む
	並列	また、同時に、および、ならびに	接続詞の前後が切り口になる。	
	添加	さらに、そのうえ、しかも、そして		
	選択	あるいは、または、それとも、もしくは		
	説明	なお、つまり、すなわち、要するに、もっとも、例えば、なぜなら	因果・結論、補足。接続詞の後に重要なヒント（分析の視点など）が置かれる場合がある。	
逆接系	逆接	しかし、けれども、ところが、だが、でも、〜が、とはいえ	接続詞の後に、強調したい内容が書かれている。例＝克服すべき課題（弱み・脅威）、ときに強み。	▽で囲む
	転換	ところで、さて、では、それでは、ときに	接続詞の後に、克服すべき課題（弱み・脅威）が書かれている。	

与件文の接続詞をマーキングした例を**図表4-11**に示します。

接続詞のマーキングの例

（図表4-11）

C社では現在、自動車部品の新規受注を目指して、製造部内に改善チームをつくり、生産能力向上を目的とした改善活動を実施している。

それによると、製造現場では、鋳造工程後の仕掛品が多く、その置き場に大きなスペースが必要になり、フォークリフトによる製品の移動は、散在する仕掛品置き場を避けて走行している。また、この仕掛品によって、多台持ちを行っている機械加工工程の作業についても設備間の移動が非常に困難な状況である。このため、製造リードタイムが長期化し納期遅延が生じる原因となっている。

C社では工場全体の生産能力を鋳造工程の処理能力で把握しており、受注増への対応策として鋳造工程の生産能力増強を特に進めてきた。しかし、改善チームが行ったマンホール蓋の主力製品の工程分析によると、図2に示すように機械加工工程がネック工程となっていた。この結果は他製品の工程分析でも同様の傾向を示していて、機械加工工程の残業が日常的に生じている原因が判明した。

そこで改善チームは、機械加工工程の設備稼働状況を調査し、図＆に示す結果を得た。稼働率は48％と低く、非稼働として停止37％、空転15％となっている。停止は、刃物、治具の交換や加工前後の製品運搬、機械調整などの段取り作業を主な要因として生じている。また、空転は、加工が終了し製品を脱着する必要があるとき、作業員の作業遅れによって設備が待っている状態により生じている。

④時制・時系列を示す言葉は□で囲む

　これもすでに述べたように、「最近」、「近年では」、「かつては」、「創業後」、「19XX年代には」など、時系列の表現は重要です。□でマークしておきましょう。

⑤カッコ書き「　」（　）は波線を引く

　これも「わざわざ表現」で述べたように、カッコ書きには意図があるため重要です。見落とさないために、**波線（アンダーライン）**を引きます。

⑥複数の業界、企業、部門等が登場する場合は□で囲む

　本店と支店、技術部と営業部などの組織、競合他社などは、□で囲みます。

⑦複数段落で繰り返される語、特に重要なキーワードは○で囲む

　何度も繰り返されるキーワードも○で囲みましょう。

4.3.5　与件文を読む（2回目）：整理　　　　工程11

　「与件文を読む（1回目）」で、与件文を活用するための「文字列の加工」が終わりました。次に、与件文を読む（2回目）として、**「鳥の目」**（マクロ視点）で全体を俯瞰するように読みます。各段落の内容を再確認しながら、段落間のつながりや関係性を意識して、全体像を把握します。また、事例のテーマを探します。

①段落毎の小見出しを左余白に記入する

　段落ごとにその内容を簡潔に表す「小見出し」を記入します。「会社概要」、「歴史」、「転機」、「現在の状況」、「事例テーマ」などの大枠もメモします。必要に応じて、もう少し詳しく書いてもよいでしょう。

②与件文の全体的な流れを振り返る

　時系列や小見出しを確認して全体的な流れを俯瞰します。

③段落間のつながりを確認する

　与件全体がどのような構造、ストーリーになっているのかを確認します。

④与件文の構造を整理する

　「読む」工程の最後に、与件文の全体的な構造がどうなっているかという全体像を把握します。出題者の描くストーリーを正しく理解する作業です。

▶ 与件文の典型的な構成要素

　ここでの作業は**意味段落**ごとの内容をまとめることです。意味段落とは、複数の形式段落を意味的にまとめたものです（事例Ⅲの与件文にある小見出しは１つの意味段落になります）。

　典型的な事例問題の与件文は、**図表 4-12** のような構成要素からなっています。

与件文の典型的な構成要素　　　　　　　　　　　　　　　　　　　　　　　　（図表4-12）

意味段落	時系列	内容のポイント	詳細
①会社概要	過去〜現在	事業内容 強み（S）	会社の概要。業種、創業時期、規模、組織、従業員数、業界での位置、評判など。組織体制（特に事例Ⅰ）、商品や業態（特に事例Ⅱ）に注目。企業理念、目指す方向性、問題点の記述がある場合もある。
②歴史	過去	強み（S） 成功体験	創業の経緯、企業の持つ**強み（S）**、強みを活かして成長してきた**過去の成功体験**などが書かれる。
③転機	過去〜現在	脅威（T）	しばしば市場の変化や競合の出現など外部環境変化、特に**脅威（T）**への対応が描かれる。
④現在の状況	現在	弱み（W） 機会（O） 取り組み	転機を経た後の状況。**弱みや機会（O）**、現在の取り組みが書かれる。
⑤事例テーマ	未来	経営課題 （T・W） 新たな機会 （O）	今後の経営課題。あらたな**脅威（T）**や、あらたな**弱み（W）**、あらたな**機会（O）**などが書かれる。成長の方向性、社長の思いなどが書かれることもある。最終段落では、社長が中小企業診断士に相談を求めた、という文が入ることもある。

　実際の本試験の与件文はさまざまであり、必ずしも**図表 4-12** の構成になっているとは限りません。また科目（事例Ⅰ〜Ⅲ）によっても傾向の違いがあります。しかし、およそ事例企業の設定を描写する与件文であれば、おおむね**図表 4-12** の要素を含むのが自然だと考えてよいでしょう。

▶ 与件文の構造を整理する

　この（工程11）では、以上のように与件の構造を整理して、形式段落の関係や意味段落の内容のポイントを把握する必要があります。

　もちろん、本試験では、与件文の構造をきれいに図示する時間はありません。**本試験ではこの工程を３分程度で行いますので、頭の中で行うか、または簡単なメモ程度のものになる**でしょう。ただし、**受験準備段階では、丁寧に作成すること**をお勧めします。与件文の全体像を把握し、出題者の意図を理解する力が向上するからです。初めのうちは時間のかかる作業ですが、慣れるに従って徐々に時間を短縮してください。

▶ そのほかの与件情報の整理メモ

　以上のほかに、与件情報を整理するために適宜、**組織図**や、**生産工程の図示、数値の表**などの**整理メモ**を用紙の余白に作成する工夫が必要になることがあります。

与件情報の整理メモの例①（令和2年度　事例Ⅰ） （図表4-13）

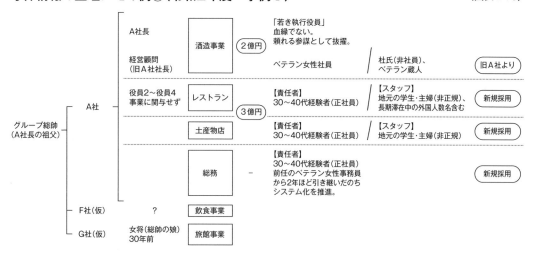

与件情報の整理メモの例②（令和元年度　事例Ⅲ） （図表4-14）

	設計部 （2名）	機械加工部 （個人技能）	熱処理部 （ベテラン）	
発注指示	図面化 ⇒	材料調達 ⇒ 機械加工 ⇒	熱処理加工	出荷検査
部品受け入れ	⇒	⇒	熱処理加工 （X社以外） 差し立て方式	
X社	⇒	X社より移管 検討中	自動車部品専用 熱処理工程 X社専用？	

← 独立した建屋 →

→ 後工程引取方式

　これらも、本試験ではここまできれいに書く必要はなく、自分にだけわかる程度のもので構いません。

経験は忘れるべし

　与件文を読んでいると、内容に触発されて与件文に書かれていないことをいろいろと思い浮かべがちです。経験に基づいて想像が広がるのです。しかし、自分の仕事経験をもとに事例を解釈することは絶対に避けてください。あくまで事例企業を診断するのであって、あなたが知っているどこかの会社ではありません。

　特に、事例企業がなじみのある業界や業態である場合、これ幸いと業界の常識を前提にしてしまいがちです。気持ちはわかりますが、2次試験は特定の業界知識が有利に働くようには設計されていません。与件情報以外で解答に使ってよい知識は、1次試験で出題される基本的知識と中小企業白書等の情報だけです。

4.5　「読む」のまとめ

以上で「読む」工程は終了です。本章の重要なポイントを以下にまとめました。

- [ ] 2次試験は出題者と受験生のコミュニケーションである
- [ ] 「読む」とは「全体を考えるために分解する」作業である
- [ ] 通読は2回
- [ ] 1回目は与件文を加工する
- [ ] 2回目は整理する
- [ ] 設問文は解答を制約するためにある
- [ ] 接続詞、時制、「わざわざ表現」、解答を促す表現に注意
- [ ] 事例テーマを考えながら読む
- [ ] 与件文のストーリーを理解する
- [ ] 裏読みや深読みをせず、素直に読む

第5章

考える

工程	作業内容	所要時間	経過時間
12	環境分析を行う		
13	経営戦略を考える	5分間	
14	経営戦略のための機能別戦略を考える		
15	設問間の関係性を確認する		24分
16	文章構成を決める		
17	主語・述語を決める		
18	与件文へのリンクを確認する		
19	解答の切り口を決める	16分間	
20	切り口ごとの論点を決める		
21	未使用の段落がないか確認する		
22	弱みを放置していないか確認する		
23	各設問の時間配分を決める		40分

5.1 「考える」とは

　この章では「考える」工程について説明します。「読む」工程でインプットした情報を処理して、次の「書く」工程が始められる状態にする工程です。

　「考える」工程に、あなたの「考え」は必要ありません。「あなた（受験者）がどう考えるか」ではなくて、「（診断士なら）誰でもこう考える」方法で**情報を処理できるかどうか**が問われます。

　「考える」工程は、前半と後半に分けられます。

工程	分類	内容
前半 (工程12) ～ (工程15)	考える（マクロ）	インプットしたものの処理 （読んだ情報を理解・整理・分析する）
後半 (工程16) ～ (工程23)	考える（ミクロ）	アウトプットするものを処理 （解答文の構造と論点を決める）

　順番に見ていきましょう。

5.2 考える（マクロ）

「読む」工程でインプットした情報を、マクロな視点で「考え」ます。工程表の
工程12 ～ 工程15 がこれにあたります。

大分類		工程	作業内容	所要時間	経過時間	対応
考える	マクロ	12	環境分析を行う	5分間		個別対応
		13	経営戦略を考える			
		14	経営戦略のための機能別戦略を考える			
		15	設問間の関係性を確認する		24分	
	ミクロ	16	文章構成を決める	16分間		パターン化
		17	主語·述語を決める			
		18	与件文へのリンクを確認する			
		19	解答の切り口を決める			
		20	切り口ごとの論点を決める			
		21	未使用の段落がないか確認する			
		22	弱みを放置していないか確認する			
		23	各設問の時間配分を決める		40分	

以下に一つ一つ見ていきます。

5.2.1 環境分析を行う　　　工程12

事例の環境分析を行います。すでに「読む」工程が終わっていますので、与件文は見直しやすいように「加工」された状態です（例えばラインマーキングされている）。その与件文を見直してSWOT分析を行います。

S（強み）とO（機会）の整合性は重要です。また、W（弱み）が書かれている場合、いずれかの設問で解決されるはずだと考えておきましょう。

また、この工程で事例テーマ（何のための事例問題なのか）を再度確認します。

5.2.2 経営戦略を考える　　　工程13

環境分析を行ったら、経営戦略を考えます。経営戦略は、**ドメイン**（誰に・何を・どのように）で整理します。ドメインで整理することで、事例企業の「顧客は誰か」「扱って

いる製品は何か」「強みは何か」の3点を確認することができ、事例企業のビジネスモデルを正しく把握することができます。

また、時系列の視点で、経営戦略（ドメイン）が過去から現在、未来に向けてどのように変遷していくのかを把握することも、事例企業を深く理解するうえで有効です。

5.2.3 経営戦略のための機能別戦略を考える 工程14

経営戦略が見えたら、その経営戦略を実現するための機能別戦略を考えます。

機能別戦略は設問に沿って考えます。「読む」の章で説明したとおり「事例テーマへ向かう診断・助言ストーリーが設問である」からです。したがって、この 工程14 と、次の 工程15 とを行ったり来たりしながら考えることになります。

▶ 与件文から設問へのリンクを確認する

さらにここでは、与件文で発見した**弱み（W）**や事例テーマ（社長の相談事）を、どの**設問で解決するのか**を考えます。

ここでの作業は、**設問からではなく「与件から事例を攻略する」作業**です（逆の「設問から与件へ」のリンクは、 工程18 で詳細に行います）。

これにより**弱みの放置や相談事の解決モレを防止**できます。作業としては、弱みや相談事を解決する**設問の番号を与件文の右余白にメモ**します。

5.2.4 設問間の関係性を確認する 工程15

この工程は解答の精度を決める、きわめて重要な工程です。

まず、 工程09 でマーキングした**「題意と制約条件」**を詳しく吟味し各設問の意図を検討します。

同時に、設問の**「戦略レベル」**を決定します。診断問題か助言問題か、また、環境分析、経営戦略、機能別戦略のどのレベルの設問なのかを決定するということです。以下に詳しく見ていきます。

5.2.5 題意と制約条件

設問の戦略レベルを決定するにあたっては、当然ですが設問文を読まなければなりません。しかし、多くの不合格者が反省を込めて指摘するように**「読んでいるつもりで実は読めていない」**のが設問文です。「設問文が読めている」状態とは、一言で言えば**「題意と制約条件を完全に把握すること」**です。

▶ 題意とは

題意とは**問われている本質部分**です。具体例で見てみます。

令和２年度　事例Ⅰ　第１問（設問２）

　A社長の祖父がA社の買収に当たって、前の経営者と経営顧問契約を結んだり、ベテラン従業員を引き受けたりした理由は何か、100字以内で答えよ。

この設問の題意は**「理由」**です。したがって、この設問への解答文を主語ではじめるとすれば、「理由は〜」となるはずです。つまり、設問文の題意と、解答文の（形式的な）主語は1対1で対応します（詳しくは「書く」の章を参照）。

もう一つ例を見てみましょう。

令和３年度　事例Ⅰ　第３問

　A社は、現経営者である3代目が、印刷業から広告制作業へ事業ドメインを拡大させていった。これは、同社にどのような利点と欠点をもたらしたと考えられるか、100字以内で述べよ。

この設問では題意が2つあります。**「利点」**と**「欠点」**です。したがって、解答は「利点は〜である。欠点は〜である。」という形式になることが、設問文を読んだだけで決定できます。

以上の例は、いずれも**診断問題**の例でした。**2次試験は診断問題のほかに助言問題があります**。過去の2次試験の設問は基本的に全て診断と助言の2種類から構成されています。このうち、診断問題についてはすでに見たように、題意の把握が比較的シンプルです。しかし、**助言問題**では、診断問題よりも題意が少し複雑になります。

　具体例を見ましょう。

令和３年度　事例Ⅱ　第２問

　B社社長は社会全体のオンライン化の流れを踏まえ、ネット販売を通じ、地元産大豆の魅力を全国に伝えたいと考えている。そのためには、どの商品を、どのように販売すべきか。ターゲットを明確にしたうえで、中小企業診断士の立場から100字以内で助言せよ。

この設問の題意は何でしょうか。まず、**日本語としての形式的な題意は「どの商品をどのように販売すべきか」**です。したがって、解答文は「販売すべき商品は〜。販売方法は〜。」

などの主語で書き出すことになります。しかし、他にも主語（書き出し）は考えられます。例えば、「B 社は、〜を、〜して販売すべきである。」などの解答文も可能でしょう。このように、助言問題の場合、解答文の（形式的な）主語は題意と 1 対 1 で対応しないことがあります（書き方について詳しくは次章で述べます）。

　ここでのポイントは、**助言問題の題意は形式的に判断するだけでなく、設問文の意味全体から考えるべきである**ということです。

▶ 題意は絶対に外さない

　長々と当たり前のことを説明しているようでもありますが、実際に受験生の答案を数多く見ていると、**題意に答えていない答案が非常に多い**のです。「要因」を問われているのに「解決策」を長々と答えてしまっている答案、2 つの題意のうち 1 つしか答えていない答案、などがそうです。

　2 次試験の設問文はおおむね、読めば誰でもわかる平易な文章で書かれています。落ち着いて読めば題意は受験生のほぼ全員がわかるはずです。それにもかかわらず題意を外した解答を書いてしまうのにはいくつか理由があります。最大の理由は時間制限です。**80 分という限られた時間でぎりぎり処理可能な量と複雑さをもった情報が与えられる**ため、処理しきれなくなり、ミス（事故）を起こすのです。

　しかし、**題意を外したらまず点は入りません。**当然のことですが、「題意に答える」ことを最後の最後まで肝に銘じておいてください。

▶ 制約条件とは

　制約条件とは、設問文に埋め込まれた「この条件を満たすような解答を書きなさい」という条件のことです。制約条件には**図表 5-1** のようなタイプがあります。

制約条件の分類　　　　　　　　　　　　　　　　　　　　　　　　　　　　　（図表5-1）

制約条件のタイプ	活用方法
①与件内容の要約部分	設問と与件文のリンクを張る 目次として読む
②解答内容の制約部分 （〜を踏まえて、など）	出題者のヒント
③解答個数	複数個の場合、その理由を考える（切り口など）
④解答文字数	文章構成を考える（100 字の場合、30 字の場合）

　具体例を見てみます。

> **令和3年度 事例I 第3問**
>
> A社は、現経営者である3代目が、印刷業から広告制作業へ事業ドメインを拡大させていった。これは、同社にどのような利点と欠点をもたらしたと考えられるか、100字以内で述べよ。

まず、第3問の第1文、「A社は、現経営者である3代目が、印刷業から広告制作業へ事業ドメインを拡大させていった」は、制約条件の**タイプ①「与件内容の要約部分」**です。出題者が「与件文のここの話をしていますよ」ということを明確にするために、親切にも書いてくれています。したがって、この設問が3代目社長就任後の与件情報にリンクするべき設問であることがわかります。

> **令和元年度 事例III 第3問**
>
> X社から求められている新規受託生産の実現に向けたC社の対応について、以下の設問に答えよ。
> （設問1）
> C社社長の新工場計画についての方針に基づいて、生産性を高める量産加工のための新工場の在り方について120字以内で述べよ。
> （設問2）
> X社とC社間で外注かんばんを使った後工程引取方式の構築と運用を進めるために、これまで受注ロット生産体制であったC社では生産管理上どのような検討が必要なのか、140字以内で述べよ。

本問は（設問1）、（設問2）の上に「X社から求められている新規受託生産の実現に向けたC社の対応について、以下の設問に答えよ。」という設問文が書かれています。これを本書では「リード文」といいます。

このリード文の「X社から求められている新規受託生産の実現に向けたC社の対応について」も、制約条件の**タイプ①「与件内容の要約部分」**です。したがってこの第1問全体が、X社から求められている新規受託生産に関連した与件情報にリンクするべき設問であることがわかります。

次に、（設問1）で「C社社長の新工場計画についての方針に基づいて」とあります。これは制約条件の**タイプ②「解答内容の制約部分」**にあたります。この事例問題では与件文に「C社社長の新工場計画についての方針」が書かれていました。したがって、これに「基づいて」という制約がある以上、この「方針」に沿わない提案は求められていないことがわかります。

つづく（設問2）の制約条件はどれでしょうか。「X社とC社間で外注かんばんを使っ

た後工程引取方式の構築と運用を進めるために」および「これまで受注ロット生産体制であったC社」の2つもまた、制約条件のタイプ①「与件内容の要約部分」です。なぜ、出題者がわざわざ与件情報を要約し直しているのかに思いが至れば、解答の視点が絞られてくるでしょう。

　さらに（設問2）にはもう1つ制約条件があります。それは「生産管理上」という条件です。1次試験で問われる専門用語としての「生産管理」の知識を活用することが求められており、タイプ②「解答内容の制約部分」になります。

　ほかのタイプの制約条件の例を見ましょう。

令和3年度　事例Ⅲ　第2問（改題）

　バッグメーカーからの受託生産品の製造工程について、効率化を進める上で必要な課題2つを20字以内で挙げよ。

　「2つを20字以内で」とあります。これは制約条件の**タイプ③「解答個数」**と**タイプ④「解答文字数」**です。**解答個数**が「2つ」と指定されている場合、2つの切り口で思考するべきなのではないか、と検討するべきです。具体的には、設問や与件から、2つの切り口を抽出できないか、できたとしたら、それらが「もれなくダブりない」（後述）切り口になっているかを知識面からも検証する、といった思考につなげられます。

　また、**解答文字数**も当然ですが制約条件です（詳しくは「書く」の章で解説します）。上記の例では20字で課題1つを書く形になります。

▶「リード文」を軽視しない

　リード文に重要な制約条件が書かれているケースもあります。例を見てみましょう。

令和元年度　事例Ⅱ　第3問

　B社社長は2019年11月以降に顧客数が大幅に減少することを予想し、その分を補うために商店街の他業種との協業を模索している。

（設問1）

　B社社長は減少するであろう顧客分を補うため、協業を通じた新規顧客のトライアルが必要であると考えている。どのような協業相手と組んで、どのような顧客層を獲得すべきか。理由と併せて100字以内で助言せよ。

（設問2）

　協業を通じて獲得した顧客層をリピートにつなげるために、初回来店時に店内での接客を通じてどのような提案をすべきか。価格プロモーション以外の提案について、理由と併せて100字以内で助言せよ。

　問題文のリード文にある制約条件「商店街の他業種との」は制約条件の**タイプ②「解答内容の制約部分」**です。この設問の場合、**与件文にない、リード文だけに書かれた情報**となっており、出題者がわざわざ設定している**強いヒント**となっています。

　リード文の後に複数の設問文が続く形式の出題はしばしば見られます。**「リード文」を軽視しない**ことです。リード文は無意味に書かれているわけではありません。「以下の複数の設問はいずれも同じテーマで出題していますよ」という出題者からのメッセージです。個々の設問に取り組んでいるうちにそのことを忘れてしまいがちなので注意しましょう。

　上記の令和元年度 事例Ⅱ第3問の場合、「商店街の他業種」でない相手との協業を提案しても加点される可能性はまずありません。

▶ 制約条件も絶対に外さない

　以上、制約条件について述べました。題意と同様に、制約条件も絶対に外してはなりません。**制約条件はとりもなおさず採点基準**だと考えてください。制約条件を外すと点数は入りません。

5.2.6　設問の戦略レベルを決定する

　この工程では、全ての設問の「戦略レベル」を分類します。「戦略レベル」とは以下の**図表5-2**に示したものです。つまり、この工程は、全設問がそれぞれ、この図のどこに位置づけられるかを決定する工程です。

設問の戦略レベル　　　　　　　　　　　　　　　　　　　　　　　　　　（図表5-2）

1.　環境分析レベル

‖

2.　経営戦略レベル

‖

3.　機能別戦略レベル			
事例Ⅰ	事例Ⅱ	事例Ⅲ	事例Ⅳ
組織戦略 人事戦略	STP分析 製品戦略 価格戦略 チャネル戦略 プロモーション戦略	生産設備 生産計画 生産統制 設計・調達・作業 品質・原価・納期	経営分析 CVP分析 設備投資 企業価値
（科目共通）IT戦略、中小企業白書			

注1）科目ごとの機能別戦略については概略のみ記載した。
注2）経営戦略は全社的な戦略を指す場合と事業別の事業戦略を指す場合がある。

ここでの目的は、各設問の位置づけを見極めることです。これにより、例えば、①環境分析の設問（第1問）とその環境分析から導かれる経営戦略を考える設問（第2問）、②経営戦略の設問（第3問）とその経営戦略を実現するための機能別戦略を考える設問（第4問）など、設問間の関係が見えやすくなり、「**なぜこの設問があるのか**」という**出題者の意図を考える**助けになります。

また、戦略レベルが特定できると、その設問を解く際に必要となる1次試験知識も明確になります。

▶ AASのフレームワーク

「設問の戦略レベル」を考える上で役立つツールとして、AASの講座では科目毎に**4つの戦略フレームワーク**を提供しています。本書では詳しく説明しませんが、これは**図表5-2**の機能別戦略を、事例ⅠからⅣのそれぞれに特化した形で細分化し、出題される可能性のある設問をその上にプロットできるようにしたものです。このフレームワークを下敷きにすると、設問の戦略レベルが整理しやすくなります。

5.2.7 戦略レベルの例

ここまでで、題意、制約条件、戦略レベルが理解できたと思います。それでは、実際に設問の戦略レベルを決定してみましょう。

1.2節に掲載した模擬問題を例にとります。

模擬問題　設問文

第1問（配点20点）

A社がM&Aを実施するに至った背景には、道路工事業界の、どのような特徴があると考えられるか。100字以内で述べよ。

第2問（配点20点）

F社を買収した直後、A社の利益率は、F社を買収する前よりも悪化したが、その後、改善した。A社の利益率の悪化と改善の要因を120字以内で説明せよ。

第3問（配点40点）

A社社長は、F社を別会社として存続させることを選択した。その理由として、F社の知名度や顧客基盤をA社グループで活用できること以外に、どのようなことが考えられるか。以下の設問に沿って答えよ。

（設問1）

　F社が別会社であることは、組織構造の面で、A社グループにどのようなメリットを与えているか、80字以内で説明せよ。

（設問2）

　A社社長は、買収後もF社の社名を変更せず、F社の社長にはF社出身の人材を据えて経営を任せている。その理由として、どのようなことが考えられるか。100字以内で答えよ。

第4問（配点20点）

　A社は、労働生産性の向上と従業員の定着率向上のために、どのような施策をとるべきか、120字以内で提案せよ。

これらの設問の題意、制約条件、戦略レベルを整理すると、**図表5-3**のようになります。

公開模試 事例I　題意・制約条件と戦略レベル　　　　　　　　　　　　　　　（図表5-3）

	題意	主な制約条件	戦略レベル
第1問	道路工事業界の特徴	・A社がM&Aを実施するに至った背景にある	外部環境分析
第2問	A社の利益率の悪化と改善の要因	・F社を買収した直後、A社の利益率は、F社を買収する前よりも悪化したが、その後、改善した	内部環境分析
第3問（設問1）	F社が別会社であることのA社グループにとってのメリット	・F社を別会社として存続させた理由を答える ・F社の知名度や顧客基盤をA社グループで活用できること以外に ・組織構造の面で	組織戦略（組織構造）
第3問（設問2）	買収後もF社の社名を変更せず、F社の社長にはF社出身の人材を据えている理由	・F社を別会社として存続させた理由を答える ・F社の知名度や顧客基盤をA社グループで活用できること以外に	組織戦略（組織文化）
第4問	とるべき施策	・労働生産性の向上と従業員の定着率向上のために	人事戦略

▶ 勉強方法を身につける

マスターしていただきたいことは**勉強方法**です。設問の戦略レベルの決定を、過去問で検証していただきたいのです。少なくとも過去3年度分の事例IからⅢ、できれば過去5年度分について戦略レベルの整理をしてください。この作業は、解答例等を見て漠然と行うのではなく、実際に自分の頭で考えることが重要です。そのことによって、さまざまな気づきがあることでしょう。

▶ 現場における決定力

実際に過去問で検証すると、きれいに戦略レベルが決定できる問題ばかりではないことに気づくでしょう。事例Iで「組織戦略と人事戦略の中間のような設問」があったり、事例Ⅲで「原価管理と工程管理の中間のような設問」があったりするでしょう。また、経営戦略レベルの設問が存在しない事例問題もしばしばあります。それに気づくことこそが本試験での現場対応力を養います。

出題者が考えている設問の位置づけ（問題の設計図）を想像し、**決めきれないなりに、ある程度決める**、そういった作業が本試験では必要です。本試験では、大体1問か2問は戦略レベルがはっきりしない設問が出題されることでしょう。そのときに慌てないことです。

5.2.8 時制に注意する

環境分析や戦略を考える際には**時制に注意**する必要があります。具体的には「過去の環境」や「過去の戦略」が問われている場合と、「現在または未来の環境」や「現在または未来の戦略」が問われている場合があります。

5.2.9 解答の精度を決める5分間

以上が、(工程12) 〜 (工程15) の説明です。題意、制約条件、戦略レベルの決定を経て環境分析、経営戦略、機能別戦略を**マクロな視点で考える工程**であり、**インプットを処理する**（読んだ情報を理解・整理・分析する）工程でした。説明すると長々としたものになりますが、実際にこの作業にかける時間はほんの少しです。**本試験ではせいぜい5分間**でしょう。

事例IからⅢでは、80分の中で**この5分間が、解答の精度を左右する最も重要な時間**です。残りの75分間の工程はどの事例でもある程度似通っており、自動化・パターン化できる作業に落とし込めますが、この「インプットを処理する」工程は事例の内容によって異なるため自動化できません。同じ問題は2度と出題されませんから、初めて見る事例のテーマや問題設計を理解する時間が当然必要です。それがこの5分間です。

▶ 時間をかけすぎない

　一方で、この工程に時間をかけすぎないように注意してください。ある程度時間を決め
て行い、時間がきたら次の作業に移るイメージです。なぜなら、限られた時間内で完全に
正しい分析に到達するのは難しいからです。

　時間をかけようと思えばいくらでもかかってしまいます。そうではなく、制限時間内に
どこまで精度を上げられるかが勝負だ、と考えてください。この**「短時間で一定の精度ま
で持っていく」**という練習こそが**受験勉強**にほかなりません。試験中は、この工程で残っ
てしまった疑問を、次の工程の作業をしながら引き続き考え続けるようにしていきます。

5.3 考える（ミクロ）

次の工程はミクロな視点で解答文の構造と論点を決める工程です。言い換えれば**アウトプットを処理する**工程です。 工程16 〜 工程23 がこれにあたります。

大分類		工程	作業内容	所要時間	経過時間	対応
考える	マクロ	12	環境分析を行う	5分間		個別対応
		13	経営戦略を考える			
		14	経営戦略のための機能別戦略を考える			
		15	設問間の関係性を確認する		24分	
	ミクロ	16	文章構成を決める	16分間		パターン化
		17	主語・述語を決める			
		18	与件文へのリンクを確認する			
		19	解答の切り口を決める			
		20	切り口ごとの論点を決める			
		21	未使用の段落がないか確認する			
		22	弱みを放置していないか確認する			
		23	各設問の時間配分を決める		40分	

一つ一つ見ていきましょう。

5.3.1 文章構成を決める　　　　　　　　工程16

▶ ピラミッド型と並列型

詳しくは「書く」の章で述べますが、答案の文章構造には使うべき「型」があります。**並列型とピラミッド型**です（**図表5-4**）。どちらの文章構造にするかをこの工程で検討します。

原則として、**診断問題は並列型、助言問題はピラミッド型**を使います。診断問題では多面的な分析が、助言問題では結論が求められていることが多いからです。[1]

---

1. これについては、①一般論として、経営診断実務における環境分析では多面的な視点が求められているのに対し、ピラミッド型の論理では1つの結論に集約されてしまい多面的でなくなること、②試験対策上、複数の論点でもれなく考察することで当該設問がゼロ点になるリスクを減らせること、③3階層以上の論理構造を持った要因分析（真因遡及分析など）を単独の設問で問うことはないと考えられること、を付記しておく。

並列型の文章構成とピラミッド型の文章構成

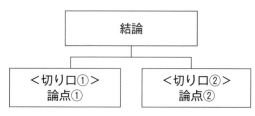

並列型（診断問題）

ピラミッド型（助言問題）

〈例〉
課題は、①高度化した成形技術を特許等で保護し、廉価な海外製品等に対する長期的な競争優位を築くこと、②自社ブランドである健康ソリューション事業の割合を高め、利益率向上と事業リスク軽減を図ること、である。

〈例〉
改善策は、機械加工工程の加工時間を短縮することである。具体的には、①刃物、治具の交換を外段取り化することで、停止時間を短縮すること、②製品の着脱作業を標準化することで、空転時間を短縮すること、である。

　ただし、助言問題でも設問で指定された解答文字数が少ない場合は並列型にせざるを得ない、また逆に、診断問題でも解答文字数に余裕があって、意味的に妥当であればピラミッド型を使ってよい、など、その設問の**解答文字数によって柔軟に**対応する必要があります。

　なお、診断問題であっても、題意が「最大の理由」など、結論を1つに絞ることを要求している場合はピラミッド型を基本に考えます。

▶ **解答骨子マトリックス**

　「考える」工程の最初の段階ではどちらの文章構造にするかを厳密に決めなくても結構です。**まずは論点が2つの「並列型」と仮定します。**ピラミッド型は、並列する2つの論点を抽象化して1つにまとめたものを結論部に置くことで、後からでも完成できます。

　なぜ論点が2つ（2次元の切り口）なのか、「切り口」とは何か、については後述しますが、ここでは、とにかく文章構成を決めるにあたって、**以下のようなマス目を埋める穴埋め問題だと考えておくのです。**これを**解答骨子マトリックス**と呼ぶことにします。

解答骨子マトリックス　～解答を考える作業は4マスの穴埋めである～ （図表5-5）

切り口	論点	
	因	果
①		
②		

　単純化するならば、解答骨子マトリックスの4つのマス目が出題者の意図どおりに埋められれば、その設問について満点だと考えられます。仮に4つのうち3つ正解できれば75%正解となり、配点20点の問題であれば15点、2つ正解できれば50%で10点を獲得

できると考えられます。[2]

5.3.2 主語・述語を決める   工程17

80字以上の文字数であれば原則的に主語を書きます。これは本書での「お作法」です。先述したように、**主語**は題意から決まります。題意はすでに「読む」工程で確認済みです。したがって、この時点で主語が確定してしまう場合もあるでしょう。特に診断問題の場合です。題意が「理由」であれば、主語は確実に「理由は、」となりますので、解答用紙に「理由は、①」まで書いてしまっても構いません。そうすれば時間に追われて題意を外した解答をする事態を防ぐ安全装置にもなります。

述語についてはいくつかのバリエーションがありますが、この工程では厳密に決めなくて結構です。詳しくは「書く」の章で述べます。

5.3.3 与件文とのリンクを張る   工程18

次に、設問の制約条件にしたがって設問と与件文との「リンクを張って」いきます。制約条件のタイプ①「与件内容の要約部分」をもとに、個々の設問に関係があると思われる与件箇所を特定していく作業です。

この工程は極めて重要です。**ここで間違えるといくら頑張って書いても点は入りません。**間違ったリンクを張ってしまう、リンクすべき箇所に気づかず張り忘れる、などの事態を避けなければなりません。

このリンクを張る作業は、以下の点を意識しながら行います。

①題意と制約条件を見失わないよう常に注意する
②1つの設問にリンクする与件箇所は1カ所とはかぎらない
③リンクした与件文が解答文に直接使えるとはかぎらない

各設問を与件文にリンクさせる場合のイメージを**図表5-6**に示します。この例では、設問1、設問2、…をそれぞれQ1、Q2、…と簡略化しています。なお、実際の試験中はこのようにきれいに作図する必要はもちろんありません。

---

2. 本試験の採点基準は、適切な論点が論理的に記述されているかが主要素だと推測される。本書では、試験対策上、解答骨子マトリックスの考え方が有効だと考えている。

各設問を与件文にリンクさせた例（イメージ） (図表5-6)

5.3.4 解答の切り口を決める
工程19

　ここまでで、設問と与件文のリンク張りが済みました。これで**解答に使う材料の候補が集まった状態**です。

　実例を見ます。令和元年度 事例Ⅲの第3問にリンクする与件情報です。

設問文：第3問（設問1）

　C社社長の新工場計画についての方針に基づいて、生産性を高める量産加工のための新工場の在り方について120字以内で述べよ。

リンク

リンクする与件文：第12段落

　生産設備面では、現在の機械加工部門の工程能力を考慮すると加工設備の増強が必要であり、敷地内の空きスペースに設備を増設するために新工場の検討を行っている。C社社長は、この新工場計画について前向きに検討を進める考えであり、次のような方針を社内に表明している。

1. X社の受託生産部品だけの生産をする専用機化・専用ライン化にするのではなく、将来的にはX社向け自動車部品以外の量産の機械加工ができる新工場にする。

2. これまでの作業者のスキルに頼った加工品質の維持ではなく、作業標準化を進める。

3. 一人当たり生産性を極限まで高めるよう作業設計、工程レイアウト設計などの工

程計画を進め、最適な新規設備の選定を行う。

4. 近年の人材採用難に対応して、新工場要員の採用は最小限にとどめ、作業方法の
教育を実施し、早期の工場稼働を目指す。

さて、ここからです。リンク先にある情報を単純に解答欄に書き写せばよいのでしょう
か。以下は、与件文を指定文字数になるように短縮して書き写した解答例です。

第3問（設問1） 単純に与件文を書き写した解答例

新工場は、①将来的にX社向け自動車部品以外の量産の機械加工ができる工場に
し、②作業標準化を進め、③一人当たり生産性を極限まで高めるよう作業設計、工
程レイアウト設計などの工程計画を進め、最適な新規設備の選定を行い、④作業方
法の教育を実施する。（120字）

上記のような「書き写し解答」を一概に否定するつもりはありません。このような解答
でもある程度得点できる場合もあるでしょう。しかし、答案としては不十分です。なぜな
らば、中小企業診断協会発表の「出題の趣旨」には「分析力を問う」と明記されています。
診断問題で**与件情報を書き写すだけでは「分析力」とはいえません。**

分析力を発揮するために一つの手がかりになるのが**「切り口」**による思考です。

▶ 切り口とは

一般的に「切り口」という言葉はさまざまな意味で使われていますが、本書では**「切り
口を使う」**という場合、**多面的であること、MECE[3]であること**を指しています。

例えば、小売業の診断で、売上を客数×客単価に分解するとします。このときの「客数
／客単価」は切り口の一例です。しかし売上を、既存客売上＋新規客売上に分解する場合
もあるでしょう。この時の「既存／新規」というのも1つの切り口です。扱うテーマによっ
てさまざまな切り口が設定可能です。

切り口には2次元のもの（客数／客単価など）もあれば3次元のもの（3C、QCD、組
織成立の3要件など）や、それ以上のもの（組織の5原則、7Sモデルなど）がありますが、
試験対策上は**2次元の切り口が基本**になります。例えば3Cであれば顧客と競合の2次元
を取り上げることでMECEな外部環境分析とすることができます。もちろん、設問の制
約条件等で解答を**3次元以上の切り口で構成する必然性**があればそのときはその通り対
応してください。[4]

---

3. MECE：Mutually Exclusive and Collectively Exhaustive（ミッシー）＝「モレなくダブリなく」の意味。
4. Tips「切り口はなぜ2次元が基本なのか」参照。

▶ どの切り口を使うか

2次試験の解答で使うべき切り口は以下の**4つの優先順位**で決まります。

切り口の優先順位　　　　　　　　　　　　　　　　　　　　　　　　　（図表5-7）

高	←	使うべき優先順位	→	低
① 設問の切り口	＞	② 与件の切り口　＞　③ 設問間の関係の切り口	＞	④ 知識の切り口

一つずつ見ていきましょう。

①優先順位 1：設問の切り口

使うべき優先順位の1番目は「設問の切り口」です。試験では答えるべき切り口が設問文中に書かれていることがあります。具体例を見てみましょう。

> **令和3年度　事例Ⅱ　第4問**
>
> B社ではX市周辺の主婦層の顧客獲得をめざし、豆腐やおからを材料とする菓子類の新規開発、移動販売を検討している。製品戦略とコミュニケーション戦略について、中小企業診断士の立場から100字以内で助言せよ。

この場合であれば、解答文の切り口は、①製品戦略、②コミュニケーション戦略、を第一候補とするべきです。また、これは設問文第1文の、①新規開発、②移動販売、と対応する切り口ではないか、と考えるセンスも必要です。

> **令和2年度　事例Ⅰ　第1問（設問2）**
>
> A社長の祖父がA社の買収に当たって、前の経営者と経営顧問契約を結んだり、ベテラン従業員を引き受けたりした理由は何か。100字以内で答えよ。

この場合であれば、解答文の切り口は、①前の経営者との経営顧問契約、②ベテラン従業員の引き受け、を第一候補とするべきです。

> **平成30年度　事例Ⅲ　第5問**
>
> わが国中小製造業の経営が厳しさを増す中で、C社が立地環境や経営資源を生かして付加価値を高めるための今後の戦略について、中小企業診断士として120字以内で助言せよ。

この場合であれば、解答文の切り口は、①立地環境と②経営資源、にすることを第一候

補とするべきです。

平成29年度　事例Ⅲ　第4問

(略)．．これを実現するためには、製品やサービスについてどのような方策が考えられるか。

この場合であれば、解答文の切り口は、①製品と②サービス、を第一候補とするべきです。

このように、設問文に解答すべき切り口が設定されている場合は、自動的にそれを採用します。題意や制約条件の一部でもあり、**他のどれよりも優先すべき切り口**です。設問に切り口が見つかった場合は「ラッキー」だと思いましょう。切り口の選択で悩まなくて済むからです。

②優先順位2：与件の切り口

優先順位の2番目は与件文から決まる切り口です。実例を見ましょう。

平成30年度　事例Ⅲ　第4問

C社が検討している生産管理のコンピュータ化を進めるために、事前に整備しておくべき内容を120字以内で述べよ。

リンクさせた与件文（第13段落）

成形機の段取り時間が長時間となっている主な原因は、①金型、②使用材料などを各置き場で探し、移動し、準備する作業に長時間要していることにある。(略) ①金型は顧客からの支給品もまだあり、C社内で統一した識別コードがなく、また置き場も混乱していることから、成形加工課の中でもベテラン作業者しか探すことができない金型まである。また②使用材料は、仕入先から材料倉庫に納品されるが、その都度納品位置が変わり探すことになる。(数字・下線筆者)

この例では、設問文にはっきりした切り口が見当たりません。そこで、リンク先である(と決めた)**与件文に切り口が設定されていないかを確認**します。すると、段落の前半に①金型、②使用材料の2つが提示され、後半では、「また」の前後で、上記2つに対応する2つの内容に分割されていることがわかります。これにより、①金型、②使用材料、の2つを切り口とできることがわかります。

同様の例を見てみます。

平成29年度　事例Ⅲ　第2問

　C社社長は、現在の生産業務を整備して生産能力を向上させ、それによって生じる余力をCNC木工加工機の生産に充てたいと考えている。それを実現するための課題とその対応策について120字以内で述べよ。

リンクさせた与件文（第6段落）

　C社では創業以来、①顧客の要求する加工精度を保つため機械の専任担当制をとっており、そのため担当している機械の他は操作ができない作業者が多い。(また、)②各機械の操作方法や加工方法に関する技術情報は各専任作業者それぞれが保有し、標準化やマニュアル化は進められていない。(数字・下線筆者)

　この例でも与件文の該当箇所が、「また」の前後で2つの内容に分割されています。これにより、①担当外の機械の操作能力、②標準化やマニュアル化、の2つを切り口とできることがわかります。

　もう1つ例を見てみます。

平成27年度　事例Ⅰ　第2問

　A社は、当初、新しい分野のプラスチック成形事業を社内で行っていたが、その後、関連会社を設立し移管している。その理由として、どのようなことが考えられるか。

リンクさせた与件文（第5段落）

　「特許まで取得した新しい成形技術を活かすことができたとはいえ、その新規事業は、①技術難度はもちろん、②自社ブランドで展開してきたバドミントン事業とは、事業に対する考え方そのものが異なっていた。そこで再起をかけてこのビジネスをスタートさせたA社社長は、当初社内で行っていた新規事業を、関連会社として独立させることにした。」(数字・下線筆者)

　この設問でもリンク先の与件文に切り口があり、①**技術難度**、②**事業に対する考え方**、の2つを切り口にできそうだとわかります。

　設問文と与件文だけは、受験者と出題者が確実に共有している情報です。そこに切り口があれば優先的に使いましょう。

③優先順位３：設問間の関係の切り口

　ここからは少し難しくなってきます。優先順位の３番目は設問どうしの関係から決まる切り口です。単独の設問文や与件から明確な切り口が見いだせなくとも、複数の設問の関係から切り口が決まる場合があります。

　実例を見ましょう。平成30年度事例Ⅲです。

設問文：第１問

　顧客企業の生産工場の海外移転などの経営環境にあっても、C社の業績は維持されてきた。その理由を80字以内で述べよ。

　この設問にリンクできそうな与件文として第4、5、6段落に着目するのは難しくありません。

与件文　第4、5、6段落

　［第4段落］（略）1990年代後半から顧客企業の生産工場の海外移転に伴い量産品の国内生産は減少し、主要顧客企業からの受注量の減少が続いた。

　［第5段落］こうした顧客企業の動向に対応した方策として（中略）、金型の設計・製作から成形加工まで対応できる体制を社内に構築した。また、（中略）加工技術力の強化を推進してきた。このように金型設計・製作部門を持ち、技術力を強化したことによって（中略）ノウハウを蓄積することができた。

　［第6段落］C社が立地する工業団地の（中略）技術交流会の定期開催、共同受注や共同開発の実施などお互いに助け合い、経営難を乗り越えてきた。C社は、この工業団地組合活動のリーダー的存在であった。

　ここから、①金型設計・製作の技術力強化（5段落）、②技術交流会・共同受注・共同開発（6段落）、の２つを切り口にできる可能性が浮かび上がります。この段階で解答骨子マトリックスを下記のように仮定できます。

平成30年度　事例Ⅲ　第1問の解答骨子マトリックス　（図表5-8）

切り口	論点	
	因	果
①金型設計・製作の技術力強化		
②技術交流会・共同受注・共同開発		

　次に、この切り口の妥当性を検証するために、設問間の一貫性を考察します。設問間の一貫性とは、問題設計全体として見た場合の診断から助言への流れの一貫性のことです。

ここでは第1問（環境分析問題）を考えるにあたって第5問（経営戦略助言問題）との一貫性を検討します。

設問文：第5問

　わが国中小製造業の経営が厳しさを増す中で、C社が立地環境や経営資源を生かして付加価値を高めるための今後の戦略について、中小企業診断士として120字以内で助言せよ。

　第5問の切り口は、①立地環境と②経営資源、が第一候補です。優先順位1の切り口は「設問の切り口」であるためです。

　したがって、第1問と第5問の一貫性をとろうとするならば、**図表5-8**の第1問の解答骨子マトリックスの切り口の一方が①立地環境、もう一方が②経営資源の論点と一貫しているのではないかという推測が成り立ちます。その結果、以下のような形を想定することができます。

平成30年度　事例Ⅲ　第1問の解答骨子マトリックス
第5問との一貫性を考慮した後

(図表5-9)

切り口	論点	
	因	果
①金型設計・製作の技術力強化＝経営資源		
②技術交流会・共同受注・共同開発＝立地環境		

　このように、切り口は他の設問との関係から導出することが可能な場合があります。

　設問間の関係の切り口を活用できる出題例をもう1つ挙げます。
　平成27年度　事例Ⅰ　第2問です。

設問文：第2問

　A社は、当初、新しい分野のプラスチック成形事業を社内で行っていたが、その後、関連会社を設立し移管している。その理由として、どのようなことが考えられるか。

　リンク先の与件文から①**技術難度**、②**事業に対する考え方**、の2つを切り口にできそうだとわかる問題でした。

与件文：第5段落

　特許まで取得した新しい成形技術を活かすことができたとはいえ、その新規事業

は、技術難度はもちろん、自社ブランドで展開してきたバドミントン事業とは、事業に対する考え方そのものが異なっていた。そこで再起をかけてこのビジネスをスタートさせたＡ社社長は、当初社内で行っていた新規事業を、関連会社として独立させることにした。

つまり解答骨子マトリックスは下記のようになります。

平成27年度　事例Ⅰ　第2問の解答骨子マトリックス　　　　　　　　（図表5-10）

切り口	論点	
	因	果
①技術難度		
②事業に対する考え方		

　平成27年の事例Ⅰ第2問（診断）を考えるにあたって第5問（助言）との一貫性を検討します。

同　第5問

（略）事業をさらに拡大させていくうえで、どのような点に留意して組織文化の変革や人材育成を進めていくべきか。中小企業診断士として、100字以内で助言せよ。

　第5問の切り口は、題意から、**①組織文化と②人材育成**、であることが自明です。したがって、第2問と第5問の一貫性をとろうとするならば、第2問の解答骨子マトリックスの切り口の一方が①組織文化、もう一方が②人材育成の論点と一貫しているのではないかという推測が成り立ちます。その結果、以下を想定することができました。

平成27年度　事例Ⅰ　第2問の解答骨子マトリックス
第5問との一貫性を考慮した後　　　　　　　　（図表5-11）

切り口	論点	
	因	果
①技術難度　＝　人材育成		
②事業に対する考え方　＝　組織文化		

　全ての事例問題がこのように設問間の明確な形式的一貫性を持っているわけではありません。しかし、「読む」の章で述べたとおり、「事例テーマへ向かう診断・助言ストーリーが設問」です。診断問題と助言問題の関係から、出題者がどのような手順で事例企業のコンサルティングをしようとしているのか、その診断助言のストーリーを把握することで出

題の意図に沿った解答ができる可能性が高まると本書では考えています。

④優先順位4：知識の切り口

　優先順位の最後は「知識の切り口」です。1次試験で出題される知識が該当します。具体的には**図表5-12**のようなものです。

　図表5-12に挙げたような知識は2次試験の受験生にとって前提知識とみなされています。普遍性があり、モレなくダブリなく（MECEに）考えるための思考のツール（道具）として評価が定まっているため、**前提なしに使ってよい知識**です。なお、事例の科目別によく使う知識（例：事例Ⅰの人事戦略における「能力／モラール」など）がありますので詳しくは科目別の解説書等を参照してください。

　一方で、**自分だけの知識を使わない**ように注意してください。出題者の知らない（かもしれない）知識や、業界特有の知識は絶対に使ってはいけません。[5]

　繰り返しますが、これらの「道具」は優先順位が4番目と一番低い切り口です。「伝家の宝刀」ぐらいに考えておいてください。しかし一方で、効果的に使えば非常に説得力の高い答案を作成することができます。「道具を振りかざさないが、いつでも使えるようにしておく」という状態が理想です。そのためにはある程度の練習が必要です。

知識の切り口の例　　　　　　　　　　　　　　　　　　　　　　　　　（図表5-12）

環境分析	外部環境×内部環境、機会×脅威×強み×弱み(SWOT)、顧客×競合×自社(3C)、有形資源×無形資源
経営戦略	誰に×何を×どのように、機会×強み、市場×製品(成長戦略)、差別化戦略×集中化戦略(競争戦略)
事例Ⅰ	組織構造×組織文化、能力×モラール、動機づけ要因×衛生要因、共通目的×貢献意欲×コミュニケーション
事例Ⅱ	客数×客単価、新規顧客×既存顧客、買上点数×買上単価、深さ×幅、標的市場の設定×マーケティングミックス
事例Ⅲ	短期×長期、Q×C×D、設計×調達×作業、生産計画×生産統制、手順×工数×負荷、進度×現品×余力、効率×効果
事例Ⅳ	BS（ストック）×PL（フロー）、定量×定性

5.3.5　切り口毎の論点を決める　　　　　〔工程20〕

　ここまでで切り口の設定ができました。いよいよ解答骨子をまとめる段階に入ります。解答骨子マトリックスのそれぞれのマスに何を書くかを詰めていく作業です。

---

5. Tips「経験は忘れるべし」を参照。

サンプルを見てみましょう。1.2 節で示した模擬問題を例にとります。以下は、論理的形式についての議論ですので、内容は取りあえず気にしなくて結構です。解答骨子マトリックスに、切り口の設定が終了した状態は例えば以下のようになります。

解答骨子マトリックスに論点を詰める前の状態　　　　　　　　　　　　　（図表5-13）

切り口	論点	
	因	果
①意思決定の迅速化		
②経営者の育成		

図表 **5-13** の解答骨子マトリックスに対して、論点を詰めた状態が**図表 5-14** です。

解答骨子マトリックスに論点を詰めた後の状態　　　　　　　　　　　　　（図表5-14）

切り口	論点	
	因	果
①意思決定の迅速化	経営資源の集中	意思決定が迅速化
②経営者の育成	Ｆ社の経営者を経験	Ａ社の経営者に育成

▶ **因果のパターン**

　因果とは原因と結果の関係を示すもので、2次試験の解答文は一文を因果（〜だから、〜である。）で表現することで、納得感のある解答になります。そのため、この解答骨子マトリックスも論点を因果で穴埋めする形になっています。

　ここで論点の選択に許される因果のパターンについて説明します。論点は**与件情報か知識か**のどちらかになるわけですが、その**組み合わせには可能なパターンがあります**（**図表5-15**）。

因果のパターン　　　　　　　　　　　　　　　　　　　　　　　　　　　（図表5-15）

パターン	因	果
A（診断問題）	与件	与件
B（診断問題または助言問題）	与件	知識
C（診断問題または助言問題）	知識	与件
D（使用不可）	知識	知識

　上記Dの「**知識×知識**」で解答することは避けなくてはなりません。知識だけで解答すると事例企業のコンサルティングではなく一般論になりますし、また、**何でも書けてしま**

うため採点しようがないからです。

なお、**図表 5-14** の例では、2つの論点とも、因果のパターン B（与件×知識）になっています（詳しくは演習編で解説しています）。

以上で解答骨子が決まりました。最低限、**解答を書き始められる状態**です。

▶ 結論を決める

解答骨子マトリックスには結論部分を設けていないため、先に述べた**ピラミッド型の文章構成の場合、結論部分（ピラミッドの上部）に書く論点を別途決めなければなりません。**その場合には、下位の2つの論点を抽象化した上位の論点を1つ、結論とします。

ただし、**論理的に1つの結論が存在するかどうかと、それを実際に解答文に書くかどうか（ピラミッド型の文章構成にするかどうか）は別の問題**です。特にピラミッド型にしなくてはならない特殊な制約条件でもないかぎり、無理にピラミッド型にしなくとも結構です。詳しくは次章「書く」で述べます。[6]

文章構造の説明で述べた通り、診断問題の場合には原則として並列型の文章構造で記述します。

図表 5-14 を解答文に落とすと、例えば下記のようになります。

メ	リ	ッ	ト	は	、	①	F	社	が	製	造	部	門	に	経	営	資	源	を
集	中	さ	せ	た	こ	と	で	、	意	思	決	定	が	迅	速	化	し	た	点、
②	F	社	の	経	営	者	を	経	験	さ	せ	る	こ	と	で	、	A	社	の
経	営	者	を	育	成	で	き	る	可	能	性	が	あ	る	点	、	で	あ	る。

本問について、詳しくは演習編で解説しています。ここでは、解答骨子マトリックスの使い方を確認しておいてください。

5.3.6 未使用の段落がないか確認する
工程21

「書く」工程に入る前に、全設問の解答骨子をいま一度見直しましょう。特に、与件文で明らかに**「活用モレ」となっている段落があったら要注意**です。「与件文とのリンクを張る」の節でも述べたように設問と与件のリンクは単純とは限りません。設問から与件文を探しにいくだけでなく、「使っていない与件情報」から設問へ戻る作業も時に必要になります。解答骨子をある程度作成してからこの作業を再度行うことで解答の精度が向上します。

もちろん、与件段落の全てが直接に解答文で活用されるわけではありません。背景や裏付けとして間接的に解答内容の根拠となる段落や、与件の設定の現実性を確保するため補

---

6. 例えば「1つだけ提案し、理由を挙げながら説明せよ」という設問文であればピラミッド型にせざるを得ない。

足的に書かれている段落もあります。

5.3.7　弱みを放置していないか確認する　工程22

　与件情報の「活用モレ」の中でも、特に SWOT 分析の W（弱み）は要注意です。多くの事例では S（強み）を O（機会）にぶつけるストーリーとなっており、事例問題によっては弱みにあたる情報が特にない場合もあります。その場合はそれで構いません。しかし、W（弱み）が明白に存在し、どの設問でも解決されずに残っている場合は、解答の方向性が間違っている可能性があります。

　実例を見ましょう。

令和3年度　事例Ⅲ　与件文　第8段落

（略）…生産管理担当者が受注予測を立てて生産計画を作成し、見込生産している。注文ごとに在庫から引き当てるものの、欠品や過剰在庫が生じることがある。（下線筆者）

平成30年度　事例Ⅱ　与件文　第6段落

（略）… なお、顧客の大半は従業者と同世代である。そのうちデザイン重視の顧客と住宅地からの近さ重視の顧客は半数ずつとなっている。後者の場合、オプションを追加する顧客は少なく、力を発揮したい2人としてはやや物足りなく感じている。（下線筆者）

　このような明らかな（とってつけたような）弱みの記述が、どの設問の解答でも解決されていない場合は、どこかで解答の方向性を誤っている可能性があります。

5.3.8　各設問の時間配分を決める　工程23

　ここまでで、解答骨子と文章構成が決まりました。あとは「書く」工程に進みます。この時点で、どの設問の解答記入にどれだけ時間がかかるかをおおよそ見積もります。

　与件の情報を文章にまとめるのに手間取りそうな問題は時間がかかるでしょう。一方で環境分析問題など、内容さえ決まれば素早く書くことができそうな問題もあるかもしれません。

　また、解答文字数も重要です。120字と40字では書くのに必要な時間が違います。平均的には100字なら7分程度、120字なら8分程度かかるでしょう。

　これらを勘案しながら、書く順番と時間配分を決定します。厳密でなくて結構です。

5.3.9 ああでもないこうでもない

「考える」工程の後半、工程16 ～ 工程23 について述べてきました。しかしながら、本章で示した手順はあくまで一般的なものです。この手順のとおりに行えば、間違いなく解答骨子ができるのかといえば、そう簡単ではありません。本試験では、本章で述べた工程を経ても解答の骨子が決まらない問題が残ることでしょう。そのときには、**1つの問題に時間を書けすぎず、全問題をループしながら考えましょう**。ある設問を考えているときに他の設問の解答が思いつく場合もあります。

▶ わからないときは「鳥の目」で

何を書いたらよいかわからないときは、「考える」工程の前半、工程12 ～ 工程15 で導いた、設問の戦略レベル、環境分析、経営戦略、機能別戦略の流れに立ち戻って「鳥の目」で事例全体を俯瞰してみましょう。「鳥の目」で、出題者が描く診断・助言のストーリーに沿って各設問の位置づけ（その設問がある意味）を考えることで、その設問で答えるべき論点が見えてくることがあります。

▶ 時間がきたら書き始める

それでもなお、固まらない解答骨子が残ることでしょう。その場合でも、タイムマネジメントで設定した**時間がきたら、「書く」工程に移りましょう**。後は書きながら考えることです。2次試験は60点を取れば合格です。満点を取ることは無理ですし、目指す必要はありません。完全に解答骨子が固まってから書き始められるほど易しくありません。どんなに精密に考えたとしても**書かなければ絶対に点は入りません**。

▶ 環境分析問題は最後に書く

環境分析問題は第1問で問われることが多いため、最初に書いているという方が多いのではないかと思います。しかし、いざ書こうとすると与件にあるさまざまな情報の中からどの情報を解答すべきか取捨選択に迷うことも多いかと思います。

この取捨選択を適切に行うためには、事例問題のストーリーが明確に見えていることが重要です。事例問題のストーリーに対して関連が強い与件情報を優先することで、取捨選択を適切に行うことができます。

当然ですが、事例問題を解き始めて40分が経った時点よりも、70分経った時点のほうが、その事例問題に対する理解は深まっているはずです。そのため、環境分析問題を書くのは、事例問題のストーリーがより鮮明になる80分の最後に回すことをお勧めしています。

もちろん「考える工程」の作業を通して当たりはつけておくべきですが、最終的に解答を書くのは80分の最後にすることで、より適切に情報を取捨選択できるようになるでしょう。

5.5 「考える」のまとめ

以上で「考える」工程が終了です。本章の重要なポイントを以下にまとめました。

考える・前半（マクロ）

- ☐ 前半では、インプットした情報を処理し、設問の戦略レベル、環境分析、経営戦略、機能別戦略を考える
- ☐ 読んでいるつもりで実は読めていないのが設問文である
- ☐ 題意とは問われている本質部分である
- ☐ 診断問題の題意は比較的シンプルである
- ☐ 助言問題の題意は形式的に判断するだけでなく設問文全体から考える
- ☐ 題意と制約条件は絶対に外さない
- ☐ 制約条件とはそのまま採点基準である
- ☐ 設問文にしかない情報は出題者からの強いヒントである
- ☐ 読み飛ばしそうになる制約条件に注意する
- ☐ 与件情報の時制に注意する
- ☐ 設問の戦略レベルの決定を過去問で検証する
- ☐ 設問の戦略レベルが決めづらいときも暫定的に決める
- ☐ 「なぜこの設問があるのか」という出題者の意図を考える
- ☐ この企業は一言で言うとどの方向に進みたいのかを考える
- ☐ 「社長の相談事」を意識する
- ☐ 試験当日、現場での決定力を持てるように短時間で一定の精度まで持っていく実力をつける

考える・後半（ミクロ）

- ☐ 後半では、文章構成、主語・述語、与件と設問のリンク、切り口、切り口毎の論点、結論を決める
- ☐ 未使用の段落がないか、弱みを放置していないか
- ☐ ピラミッド型と並列型を選択する
- ☐ 80字以上であれば主語を書く
- ☐ リンクを間違えるといくら書いても点は入らない
- ☐ 解答骨子マトリックスを使う
- ☐ 「切り口」とは多面的であること、MECE であること
- ☐ 切り口の優先順位は、設問＞与件＞設問間関係＞知識

□　前提なしに使ってよい知識を準備する

□　自分だけが持っている知識を使わない

□　「知識×知識」の因果は NG

□　1つの問題に時間をかけすぎない

□　わからないときは「鳥の目」で考える

□　時間がきたら書き始める

Tips!

切り口はなぜ2次元が基本なのか

　全国500万社の企業についての統計データがあるとします。**業種、本社所在地、従業員数、うち非正規社員数、うち女性従業員数、創業年、売上高、経常利益額、経常利益率**…などの膨大なデータが集まりました。しかし、生のデータのまま、500万行の表として眺めてもほとんど「意味」を持ちません。意味をもった**「情報」**にするためには切り口が必要です。

　ここから**「業種別・従業員規模別の企業数」**を抽出すると立派な**「情報」**になります（例えば建設業は小規模事業者が多い、などの事実が浮かび上がってきます）。

　この場合、《業種》×《従業員規模》という2次元の切り口で切ったために「情報」になったのです。このとき、他のデータは捨てています。

　このように、現実の現象は膨大なデータの集まりであり、人間はそのままでは扱えませんが、なんらかの**切り口で切って、ある断面を見る**ことで、初めて人間が理解しやすい「情報」が見えてきます。そしてこの断面は**2次元が最も理解しやすく、説得力が高い**のです。診断士試験の解答は図を使えるわけではなく、文章だけで伝えなければならないため、シンプルな論理が最も伝わりやすいと考えられます。

第6章

書 く

工程	作業内容	所要時間	経過時間
24	解答を記入する	38分間	78分

6.1 「書く」とは

　いよいよ最終工程「書く」工程です。すでに「考える」工程までで、何を書くかは決まっています。あとは書くだけです。料理に例えると、材料のカットや下ごしらえ（解答骨子）はできている、何を作ればよいか（解答の文章構造）はわかっている状態で、あとはフライパンに投入して一気に料理を完成させる工程です。もちろん、食べやすいように盛りつける（読みやすく書く）ことも重要です。

　採点者は、解答用紙でしか受験生の優劣を判断できません。いくら適切に読み、考えることができても、解答用紙に書くことができなければ点数は入りません。反対に、たとえ「読む」と「考える」の完成度が80％であっても、それを100％、採点者に伝えることができれば、十分合格点に届く可能性があります。「書く」工程は合否を左右します。

読む		考える		書く		結果
100％	×	100％	×	50％	＝	50点（B判定）
80％	×	80％	×	100％	＝	64点（A判定）

▶「書く」作業の標準化

　慣れないうちは、「書く」工程には意思決定することが多いように感じますが、あらかじめ作業をパターン化（**標準化**）しておけば、**ミスの低減**と**時間の短縮**が可能です。理想的には「考える」までの工程で**決定済みの解答骨子を解答用紙に落とし込むだけの作業**です。練習すれば意思決定で迷うことは少なくできます。

　品質管理と同様に、**いつも同じやり方をすることで異常（ミス）を発見しやすくする**ことができます。また、**「書く」時間を短縮できれば、「読む」工程と「考える」工程に時間を割くことができる**ので、内容面で精度の高い解答につながります。

　さらに、「書く」工程での意思決定を少なくする（パターン化する）ことによって**脳（思考能力）を省エネする**ことができ、本当に重要な「考える」工程や事例Ⅳの計算問題にエネルギーを振り向けることができます。1日に4事例をこなさなければならない本試験では、消耗を防ぐ意味でも重要です。

▶ 解答文作成マシーン

　「書く」の受験準備でのゴールは、**自分を「解答文作成マシーン」にする**ことです。「考える」工程で固めた、①**題意**、②**解答骨子**、③**リンクする与件文**、という「**入力データ**」をこのマシーンに入力すると「**合格する解答文**」が自動的に出力されてくる、そんなマシーンに自分を鍛え上げるのです。同じ入力にはいつも同じ出力を返す、速くて正確で疲れないロボット、そんなイメージです。

「解答文作成マシーン」のイメージ

そうなるには**ある程度の練習が必要**です。もともと文章が上手な人であっても、本章で説明する合格答案の書き方をマスターするためには、一定の量の答案練習を行う必要があります。

6.2　合格答案の公式

合格する答案には、満たすべき要件があります。これを本書では**合格答案の公式**と呼んで、大切にしています。

合格答案は**表現力、構成力、与件活用力**、の3つの要素から成り立っています。

合格答案の公式　　　　　　　　　　　　　　　　　　　　　　　　　　　　　　　（図表6-2）

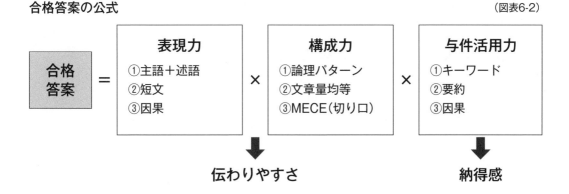

この公式はぜひ暗記して、公式に当てはまる答案が反射的に書けるようにするとともに、答案練習などをする際に自己採点の基準にしてください。

6.3　合格答案の公式①　《表現力》

合格答案の公式の3要素の1つ目、表現力は、以下の3つに分解できます。

表現力
①主語と述語　　②短文で書く　　③因果で書く

6.3.1　主語と述語

本書では、**題意を主語にして書き始める**ことをお勧めしています。

採点者にわかりやすいからなのはもちろんですが、自分自身が何について書いているのかを見失わないためです。

本試験中は独特な雰囲気です。無我夢中で解答を書いていると題意を見失うことがあります。例えば、**問題点が問われているのに「〜するべきある。」という述語**の解答を書いてしまうと、採点にも影響しかねません。

題意を主語にして解答に書くようにすると、そうした失敗を防げます。

▶ 主語のバリエーション

どういう場合にどんな主語・述語を使うのかについては前章「考える」を参照してください。

▶ 主語の省略、述語の体言止め

本書の解法では主語と述語を書くことを原則としていますが、この原則を破ってもよいケースがあります。それは、**①解答文字数が30字以下の場合、②設問の題意・制約条件から主語ないし述語が不要と判断できる場合**です。

● 例1：C社の強みとなる点を1つ挙げ、20字以内で答えよ。

> 鋳物製品の鋳造から塗装までの一貫生産体制。

● 例2：(同)、30字以内で答えよ。

> 鋳物製品の鋳造から塗装までの一貫生産体制を確立している点。

● 例３：（同）、40 字以内で答えよ。

> 強みは、鋳物製品の鋳造工程から塗装工程までの一貫生産体制を確立している点である。

● 例４：D 社が優れていると判断できる財務指標を 1 つ挙げよ。

> ○　有形固定資産回転率
> ✕　D 社が優れていると判断できる財務指標は、有形固定資産回転率である。

● 例５：C 社がY社と共有すべき具体的情報データ項目を 1 つ挙げ、20 字以内で答えよ。

> ○　C 社の生産余力や生産進捗等の生産統制情報。
> ✕　データ項目は、C 社の生産余力や生産進捗等の生産統制情報である。（字数オーバー）

　以上のように、主語の省略と述語の体言止めも場合によって活用します。ただし、次の例のようにむやみに述語の省略をしてはいけません。

● 例６：理由を述べよ。

> ○　理由は、技術の高度化を図る必要があったから。
> ○　理由は、技術の高度化を図る必要があったこと。
> ○　技術の高度化を図る必要があったから。
> △　技術の高度化を図る必要があった点。（「点」は「理由」との呼応が自明でない）
> ✕　理由は、技術の高度化を図る必要があった。（主述が成立していない）

6.3.2　短文で表現する

　一般に、日本語の 1 文は 60 字以内が適切とされています。1 文が長いと読みにくくなり、論理的な関係がわかりづらくなります。採点者に負担をかける解答はよい解答とはいえません。1 文はできれば **50 字以内**におさめましょう。

　そのために、**1 文で言いたいこと（ポイント）は 1 つとする**ことです。1 つの文に 2 つも 3 つも内容を盛り込むと文が長くなり、伝わりづらくなります。

● 短文で表現できている例

> チャレンジ精神を維持する施策を講じるようアドバイスする。具体的には、①海外市場で現地に密着した活動を行うため、海外における営業の現場に責任権限を委譲する。②海外市場での共同開発や共同販売を促進するため現地の研究機関等との連携体制を構築する。

● 短文で表現できていない例

> チャレンジ精神を維持する施策として、海外市場で現地に密着した活動を行うために、海外における営業の現場に責任権限を委譲するとともに、海外市場での共同開発や共同販売を促進するため、現地の研究機関等との連携体制を構築するべきであると助言する。

6.3.3 因果で表現する

上記のように短文の組み合わせで文章を構成する場合、速くかつ正確に読み手に伝える手段として**シンプルな因果関係のロジック**が有効です。

例えば、「助言せよ」と問われている設問で、「このような対策を講じます」と書いたとしても、その根拠がないと、採点者に「なぜ?」と思われてしまいます。「こういう理由があるから、こういう対策を講じます」と**根拠を明記**することで、解答の説得力が増します。

具体的には、「**〜により、〜する**」や「**〜のため、〜であるから**」といった表現を有効に活用します。

● 例7:因果で表現していない

> 理由は、Bだからである。

➡**採点者「なぜ?」**

● 例8:因果で表現している

> 理由は、Aであるため、Bだからである。

➡**採点者「なるほど、ちゃんとAの情報を分析しているな」**

なお、2次試験の解答で使うべき**因果に4種類ある**ことは前章「考える」で述べたとおりです。

[因果で表現していない]　　　　　　[因果で表現している]

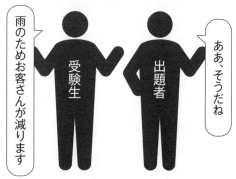

6.4 合格答案の公式② 《構成力》

合格答案の公式の3要素の2つ目、構成力は、以下の3つから成っています。

構成力		
①論理パターン	②文章量の均等	③切り口

6.4.1 論理パターン

文章構成をその都度考えていては、解答時間がいくらあっても足りません。解答の文章構造に使うべき「型」をあらかじめ**論理パターン**として想定しておくのです。「考える」の章で述べた**ピラミッド型**と**並列型**です。

6.4.2 文章量の均等

論理的に**並列な要素は文章量を同程度**にすることが望ましいです。また、**ピラミッド型の場合、結論部分は20字〜30字**にします。

もしも切り口が2つで、2つの文の分量が極端に違う場合、ボリュームの大きいほうが重要だと採点者は判断するかもしれないからです。[7]

---

7. 採点者は体裁の良し悪しに左右されずに内容を見ようと努力するだろう。しかし、採点者に努力を強いるというリスクを冒すべきではない。

● 例9：文章量が均等である例

> チャレンジ精神を維持する施策を講じるようアドバイスする。具体的には、①海外市場で現地に密着した活動を行うため、海外における営業の現場に責任権限を委譲する。②海外市場での共同開発や共同販売を促進するため、現地の研究機関等との連携体制を構築する。

　この解答の論理構造をあえて図示すると**図表6-3**のようになります（ピラミッド型）。結論と各切り口の重さがよいバランスになっているのがわかります。

文章量が均等な解答文の例　　　　　　　　　　　　　　　　　　　（図表6-3）

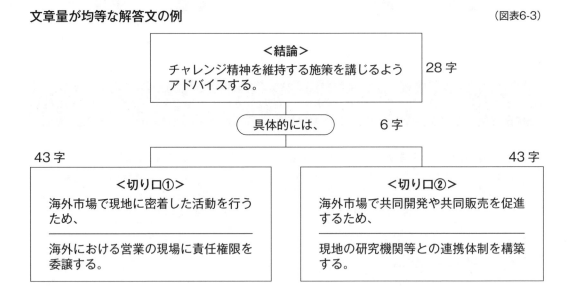

● 例10：文章量が均等でない例

> Ａ社に、今後の社内体制の変革と社外連携を通じて海外展開を加速させるため組織のチャレンジ精神を維持する施策を講じるようアドバイスする。具体的には、①海外市場で現地密着するため、海外営業部門に権限委譲する。②海外現地機関との連携をする。

　一方、例10では、結論部が長過ぎるため、切り口②が短くなり意味や因果が不明確になっています。

　文章量の均等を意識することで、伝わりやすさが向上するだけでなく、内容もより適切になります。

6.4.3 切り口を使って書く

　2次試験の解答で使うべき**切り口に4種類あり、優先順位がある**ことは前章「考える」で述べたとおりです。

　「書く」という観点では、**切り口のお作法は、ナンバリング（①、②、…）です**。採点者が読みやすいように、切り口ごとに①、②と番号を振るのです。

● 例11：切り口のナンバリング

> 特性は、①ターゲットとするスポーツの市場が拡大するか否かは、経済的な余裕や流行に左右されやすいこと、②廉価な海外製品や代替技術の登場によりA社が経営危機に直面したように、競争環境が厳しいこと、である。

　〇囲み数字（①、②、…）は、**「①」の存在が、「次に②が来るだろうな」と読み手に予期させる効果**があります。また、**②の前までが①の内容であること（文章構造）をわかりやすくする、という効果**があります。

　番号は、ただつければよいというものではありません。**切り口の切れ目につけることが**ポイントです。そうすることで論理パターーンや文章量均等がはっきりし、読み手に伝わりやすくなると同時に、書き手も論理構成を自己チェックできるのです。次の例のように、むやみに番号をつけるとかえってわかりづらくなります。

● 例12：良くないナンバリング

> 特性は、①ターゲットとするスポーツの市場は変動しやすい、②経済的な余裕や流行が市場を左右する、③廉価な海外製品に影響を受ける、④代替技術の登場が脅威となる、⑤競争環境が厳しい。

➡ 因果関係や論理構造が不明で、思いつきの羅列に見える。

▶ 切り口を明示する必要があるか

　ところで**例11**の解答例は「市場／競合」の切り口になっています。これは、3C分析の知識からの切り口です。この場合、解答骨子マトリックスは**図表6-4**のようになります。

例11の解答例の解答骨子マトリックス　　　　　　　　　　　　　（図表6-4）

切り口	論点	
	因	果
① 市場	標的とするスポーツには 流行りすたりがある	経済的な余裕や流行に 左右されやすい
② 競合	廉価な海外製品 代替技術の登場 Ａ社も経営危機	競争環境が厳しい

　問題は、ここで「市場」、「競合」という言葉を、解答文に書くかどうかです。書いた場合の解答例を示します。

● **例13：切り口を明示した解答例**

> 特性は、**①市場面で**、ターゲットとするスポーツの市場が拡大するか否かは、経済的な余裕や流行に左右される、**②競合面で**、廉価な海外製品や代替技術の登場でＡ社が経営危機に直面したように、競争環境が厳しいこと。

　言い換えれば、**知識の切り口を使用した場合、「この解答はこの切り口で切っています」ということを採点者に伝える必要があるかどうか**ということです。

　これについて本書では、「内容が第一優先だが、切り口を明確にしてアピールすることも重要」と考えています。

　切り口を明示することで説得力が増します。論理が明確になり、伝わりやすくなります。ただし、その分、文字数は消費します。内容が切り口に沿っていれば切り口の名前を書かなくても伝わるのだから切り口を明示する必要はなく、その分の文字数を内容に振り向ければ、より充実した内容にできる、ともいえます。結論として、文字数と論点の分量を総合的に判断して決めることになります。[8]

---

8. 切り口そのものを採点（この設問を「機会と脅威」の切り口で解答したら2点加点、など）しているかは不明である。採点していたとしても比重は小さいだろうと推測される。

6.5 合格答案の公式③ 《与件活用力》

　解答で具体的内容や理由を述べる場合、**可能な限り与件文を活用**します。与件の活用によって、一般論ではなく説得力のある具体的な解答となります。

　といっても、与件文をそのまま抜き出して引用しさえすればよいわけではありません。**合格答案の公式の3要素の3つ目、与件活用力**は、以下の3つから成り立っています。

与件活用力
①与件のキーワード　②与件の要約　③与件の因果

　「考える」の章でも述べたように、**与件文と設問文は、受験生と出題者（採点者）とが唯一共有している事例固有の情報であり共通認識**です。出題者とコミュニケーションをとる上では、この共通認識を活用すれば確実に伝わりやすくなります。逆に、出題者が知らない事実（根拠）を持ち出して説明すると出題者（採点者）に疑問を抱かせます。

共通認識としての与件文を活用する (図表6-5)

　具体例を見ましょう。

● 例14：与件文を活用した解答例

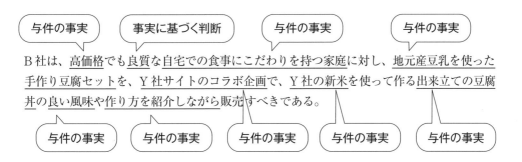

解答文中に与件情報（事実）とその事実に基づく判断を書き込むことにより、一般論でない具体的な解答、事実に基づいた妥当性の高い解答となります。

6.5.1 与件のキーワード

与件活用力の1番目として、与件のキーワードがそのまま使えるときは極力それを使いましょう。極力、言い換えずにそのまま使います。

● **与件文**

> ここ5年でみると、売上構成比はほとんど変わらず、**業績もほぼ横ばいで推移している**が、決して高い利益を上げているとはいえない。

A：与件のキーワードを活用した解答の例

> **業績が横ばい**であるため…。

B：与件のキーワードを言い換えて活用した解答の例

> **業績不振**のため…。

Bの例では、言い換えることで字数を節約したかわりに、「この企業は『業績不振』だと書いてあったかな？」と採点者に疑問を抱かせる可能性があります。また、言い換えによって意味が変わってしまう場合もあります。やむを得ない場合以外、言い換えない方が安全です。

6.5.2 与件の要約

与件活用力の2番目として、与件のキーワード（キーセンテンス）が長い場合は要約することになります。

「与件文のこの部分が解答の根拠なのは分かっているのに、伝えられない…」という事態だけは避けたいものです。上手に要約するにはトレーニングが必要です。

● **与件文**

> …技術革新のスピードが速く、製品ライフサイクルが短い。そのため、サプライヤーは、新しい技術や新しい製品を取引先に提案することができなければ取引を継続させていくことは難しい。

● 与件の要約

> …技術革新のスピードが速く、製品ライフサイクルが短い。そのため、サプライヤーは、新しい技術や新しい製品を取引先に提案することができ〈し〉なければ取引を〈の〉継続させていくことは〈が〉難しい。

● 与件の要約を活用した解答例

> 経営環境の変化は、技術革新が速く製品ライフサイクルが短くなっているため、中小企業も新しい技術や製品を取引先に提案しなければ取引の継続が難しくなっている事である。

6.5.3 与件の因果

最後に与件活用力の3番目、「与件の因果」の活用です。少し**高度な技術**になります。

与件の因果の例①

複数の、時には離れた段落の与件情報の間で因果関係が描写されている場合があります。

与件文 （令和元年度　事例Ⅰ抜粋、太字筆者）

[第4段落]

　このままでは収益を上げることはもとより、**100名以上の社員を路頭に迷わす**ことにもなりかねない状況であった。そこで、自社の技術を見直し、農作物や加工食品などの乾燥装置など葉たばこ乾燥機に代わる新製品の開発に着手した。（中略）**新しい事業に取り組むことを、古き良き時代を知っている古参社員たちがそう簡単に受け入れるはずもなかった。**そして、二代目社長が会長に勇退し、新体制が発足した。

[第5段落]

　危機感の中でスタートした新体制が最初に取り組んだのは、**長年にわたって問題視されてきた高コスト体質の見直し**であった。（略）また、営業所の業務が基本的に手書きの帳簿で処理され、**全社的な計数管理が行われない**など、**前近代的な経理体制**であることが明らかとなった。そこで、（略）**時代にあった企業として再生**していくことを目的に、（略）経営改革を本格化させたのである。

[第6段落]

　当然のように、業績悪化の真っただ中にあっても見直されることなく、**100名以**

上にまで膨らんでしまっていた従業員の削減にも手を付けることになった。**定年を目前にした高齢者を対象とした人員削減**ではあったが、地元で長年にわたって苦楽を共にしてきた従業員に退職勧告することは、若手経営者にとっても、A社にとっても、初めての経験であり**辛い試練であった**。その後の波及効果を考えると、苦渋の決断ではあったが、**これを乗り越えたことで従業員の年齢が10歳程度も引き下がり、コストカットした部分を成果に応じて支払う賞与に回すことが可能になった。**

[第7段落]

　こうして社内整備を図る一方で、**自社のコアテクノロジーを「農作物の乾燥技術」と明確に位置づけ、それを社員に共有**させることによって、葉たばこ乾燥機製造に代わる新規事業開発の体制強化を打ち出した。その結果、（略）新規事業の基盤が徐々に固まってきた。

[第8段落]

　しかしながら（略）ターゲット市場を絞ることはできなかった。

[第9段落]

　（略）背水の陣で立ち上げたHPへの反応は、1990年代後半のインターネット黎明期では考えられなかったほど多く、（略）それまでA社ではアプローチすることのできなかったさまざまな市場との結びつきもできたのである。**もちろん、営業部隊のプレゼンテーションが功を奏したことは否めない事実である。**

与件文には以下のような事実が描写されています。

[第4段落]　　A：新事業に取り組むことを古参社員たちが受け入れなかった
[第5段落]　　B：高コスト体質の見直しを行った
　　　　　　　　全社的な計数管理を行える経理体制とした
[第6段落]　　C：高齢者を対象に人員削減を行った
　　　　　　　　A社にとって辛い試練であった
　　　　　　　　従業員の年齢が10歳程度も引き下がり、コストカットした部分を
　　　　　　　　成果主義的賞与に回すことが可能になった
[第7段落]　　D：自社のコアテクノロジーを明確に位置づけ社員に共有した
[第9段落]　　E：新事業で営業部隊のプレゼンテーションが功を奏した

　これらの与件情報から、①人的リストラを含む高コスト体質の見直し、②辛い試練を経験したことによる社内の危機感の醸成、③成果主義的賞与による営業部隊のモチベーショ

ン向上が**成功体験**だという**因果関係**が読み取れます。

これに対して、以下のような設問があります。

第４問

　新経営陣が事業領域を明確にした結果、古い営業体質を引きずっていたＡ社の営業社員が、新規事業の拡大に積極的に取り組むようになった。その要因として、どのようなことが考えられるか。100字以内で答えよ。

この設問は、Ａ→Ｂ→Ｃ→Ｄ→Ｅという事実のうち、「Ｄ→Ｅが起きた要因」を問うています。これに対して、「Ａ→Ｂ→Ｃがあったからこそ、Ｄ→Ｅが起きた」という骨子で作成したのが以下の解答例です。

● **与件の因果を活用した解答例**

要因は、①古参社員が退職したことで、目的の共有やコミュニケーションが円滑となり貢献意欲が高まったこと、②全社的な計数管理をもとに成果に応じて賞与が支払われるようになり、動機付けが高まったこと、である。

多くの過去問で、**与件の因果は事例企業の成功体験の描写**という形をとっています。上記の解答例も成功体験（の裏返し）で構成しています。活用すべき与件情報が、一カ所にまとまっていない点が受験生にとっての難しさとなっています。

「与件の因果」の活用例をもう一つ挙げておきます。

● **与件の因果の例②**

与件文（平成 30 年度　事例Ⅱ抜粋）

[第５段落]

　10 年ほど前、Ｘ市の名刹と商業地域が高視聴率の連続ドラマの舞台となり、このエリアが一躍脚光を浴びた。これを機に、商業地域に拠点をもつ経営者層を中心として、このエリア一体の街並み整備を進めることになった。名刹は通年で夜間ライトアップを行い、地域の動きに協力した。地域ボランティアは観光案内や街の清掃活動を行い、美しい街並みと活気の維持に熱心である。こうした影響を受け、最近では、ほとんどいなかった夜間の滞在人口は増加傾向にある。

上記の与件情報から、「地域のボランティア活動によって需要を生み出すことができる」という**因果関係**が読み取れます。これに対して、以下のような設問があります。

> **第4問**
>
> 　B社は、X市の夜の活気を取り込んで、B社への宿泊需要を生み出したいと考えている。B社はどのような施策を行うべきか、100字以内で述べよ。

　この設問に対して、第5段落の「与件の因果」を活用し、さらに与件文の他箇所の情報を総合して作成したのが下記の解答例です。

● 与件の因果を活用した解答例

> 　施策は、①夜通し続く地域のお祭りの見物客に、英語による観光案内を行い、再訪時の宿泊需要に繋げる、②夜間滞在する観光客に、裏手の駐車場を整備し休憩場所やゴミ箱を設置する清掃活動を行い、B社を認知させる。

　第5段落の情報はB社の体験ではなく、直接、解答に引用できる情報ではありません。しかし、わざわざ出題者が第5段落でこのような因果関係を描写しているのは、この因果関係を解答者に活用させたいからだとも考えられます。

　「与件の因果」を解答に活用することは高度な技術ですが、これができると、**合格答案にぐっと近づきます**。なぜなら、中小企業診断協会が発表する「出題の趣旨」にある「理解力・分析力」とは、このような与件の因果を理解する能力だと考えられるからです。

6.6　記述のルール

　本章の最後に、解答文の記述のルールについて述べます。

　日本語の基本的な使い方で**迷わない**ようにしましょう。記述方法を標準化することで解答作成の品質とスピードを向上できます。また、解答の論点がある程度正しくても、適切な日本語でない場合、適切に伝わらない可能性があります。違和感を持たれない、**採点者に優しい日本語**を書くことも重要でしょう。

6.6.1　マス目の使い方

▶ 文頭の字下げはしない
　一般の作文では、書き始めの1マスを空けますが、2次試験ではその必要はありません。

▶ 句読点

　句読点（「。」や「、」）は、文字と同じように、1マスに1つ書きます。位置は、マス目の左下です。また、句読点は行のはじめに書くことができませんので、その場合は前の行の最後のマス目に文字と一緒に書きます。このとき、マス目の外に句読点だけを書く方法も一般に許されますが、これは主にパソコンのワープロソフトを使用した際に用いられる方法であるため、手書きである2次試験の解答では推奨していません。

▶ 英数字など

　数字・アルファベットは、半角扱いで1マスに2文字書くこともできます。しかし、アルファベット（特に大文字）は1マスに1文字のほうが見やすいでしょう。

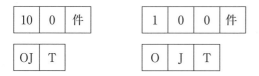

▶ 字数を余らせない

　指定された字数の**9割は埋める**ようにします。少なすぎる字数は印象がよくないこともちろんですが、1点の差が合否を分けるこの試験で、マス目を残すのはもったいないことです。何かを書けば点数が入る可能性がありますが、空いたマス目には点数は入りません。同じ理由で、設問1つをまるまる空欄にするのは絶対に避けます。

▶ 字の良し悪し

　マス目に程よく収まる大きさで、濃くはっきりと、わかりやすい文字で書きましょう。大学教員など手書き文の採点経験者の多くが指摘するように、**小さすぎる文字、はみ出た文字、薄い文字、は読む気になりません。**

　また、悪筆もいけません。決して美しい文字、上手い文字を書く必要はありませんが、**読めない字は採点しようがありません。**いわゆる達筆も危険です。自分のクセ字に慣れていると、他人が見て（特定の字が）読めないことがわからない場合があります。第三者にチェックしてもらうとよいでしょう。

6.6.2 解答に相応しい日本語を使う

　ストレートに伝わるように書きましょう。文学的に修飾したり、含みを持たせたりする表現は相応しくありません。マス目がもったいないです。

　接続詞や修飾語の使用は必要最小限にとどめます。また、**なるべく簡潔に**書きます。

　例として、以下の2つの文章を比較してみてください。

A（一般の日本語）

> 新規事業は技術難度が異なっていた**であろう。したがって、**関連会社を設立して独立させる**ことにより、**専門性を高めることが必要であった。**これにより、**更なる技術の高度化を図ることができる**といったことが理由として考えられる。**

B（解答に使う日本語）

> 理由は、新規事業の技術難度が異なるため、関連会社を設立して専門性を高めることで更に技術の高度化を図る必要があったからである。

　一般的な文章としてみれば、**A**のほうが普通に感じるかもしれません。しかし、数万人の答案を採点する立場で考えると「したがって」「〜ことにより」「これにより、」「といったこと」「考えられる」などの語は、あってもなくても同じでしょう。**採点にプラスにならないどころか、**書かれている論点をチェックするときに、むしろ邪魔な「ノイズ」になるのではないでしょうか。

　また、一般の日本語の文章では、順を追って丁寧に書いた方が伝えやすい場合があります。「こういう思考の流れで理解してください」と、書き手が読み手を誘導しながら「読ませる」ような技術です。しかしながら、2次試験の解答文はそうではありません。意外かもしれませんが、2次試験では**受験者の思考の流れを伝える必要はありません。**受験者が**伝えるべきなのは出題者の思考の流れ**です。出題者に対して「**あなた（出題者）の思考の流れはこういうことですね、私はそれがわかりましたよ**」と伝えるのです。**相手（採点者）の思考を誘導したり、相手を説得しようとしたりしても意味がありません。**[9]

　さらに、日本語にはリズムがあり、緩急をつけて読み手を惹き付けるような文章にするのも一般的には効果的ですが、これもやはり2次試験では全く不要です。

---

9. 日本語の良し悪し自体は採点にあまり影響しないことが再現答案の分析から推測できる。しかし、人間が採点している以上、意味が伝わらなければ加点されないであろう。美しい日本語である必要はないが、正しい日本語でなければならない。

▶ 読点

　読点（、）が多すぎても少なすぎても論理構造がよくわからなくなります。

　原則は、①**主語の直後**、および②因果の**因と果の間**に置きます。その他、必要最小限の位置に置きます。

読点なし → 論理構造がわかりづらい

> 理由は新規事業の技術難度が異なるため関連会社を設立して専門性を高めることで更に技術の高度化を図る必要があったからである。

読点が多すぎる → これも論理構造がわかりづらい

> 理由は、新規事業の、技術難度が異なるため、関連会社を設立して、専門性を高めることで、更に、技術の高度化を図る必要があったから、である。

適切な位置の読点 → 因果関係がわかりやすい

> 理由は、新規事業の技術難度が異なるため、関連会社を設立して専門性を高めることで更に技術の高度化を図る必要があったからである。

▶「また」「そして」は使わない

　すでに述べたように、本書では切り口の切れ目をナンバリング（①、②…）することを推奨しています。したがって、解答文中に、「また」、「そして」などの接続詞は登場しないはずです。

▶「それ」「その」は使わない

　「それ」「その」「これ」「この」などの指示語は使いません。指示語を使用すると、指しているものがどれなのかについて解釈の余地が発生するからです。解釈を採点者にゆだねるリスクは避けます。

> 廉価な海外製品が登場した。代替技術も生まれた。**それにより**…。

➡ **「それ」が何を指しているのかを解釈しなければならない**（代替技術のことだけか、その前も含んでいるか）ので危険。

▶「〜の」を連続させない

一般的な文章と同様、「〜の」の連続は２回までに押さえます。

× 　本年度の診断士試験の合格率の上昇については…。

○ 　本年度、診断士試験の合格率が上昇したのは…。

▶ 使ってよい記号

本書では、○囲み数字（①、②、…）を使った記述を推奨していますが、そのほかの記述記号について検討してみましょう。

コロン（：）

特性は、**市場面**：ターゲットとするスポーツの市場が拡大するか否かは、経済的な余裕や流行に左右されやすいこと、**競合面**：廉価な海外製品や代替技術の登場により…。

スミ括弧【 】

違いは、以下のとおりである。【一般家庭向け】商品ラインアップを充実させることにより、全国市場にその名を広める活動が求められる。【医家向け】医療現場のニーズをとらえることにより、新製品開発につなげる地道で現場に密着した活動が求められる。

これらの記号について絶対に駄目、という根拠はありません。推測ですが、使っても減点はされないでしょう。しかし、合格者の再現答案ではあまり見かけたことがありません。結論として、本書では使用を勧めていません。

▶ 丸括弧（ 　）を使うか

一般の文章では丸括弧（ 　）がよく使われます。解答文に使ってもよいのでしょうか。

丸括弧（ 　）を使った例

活用すべき情報は、受注情報（営業部）、図面等仕様書（設計部）、生産計画、進度・余力情報（いずれも製造部）、在庫情報（資材・仕掛品・完成品）である。

丸括弧 （　） を使わない例

> 活用すべき情報は、①営業部が持つ受注情報、②設計部が持つ図面等仕様書、③製
> 造部が持つ生産計画、進度・余力情報、④資材・仕掛品・完成品の在庫情報である。

　丸括弧 （　） もやはり、使ったからといって減点はされないでしょう。一見、丸括弧を
使った方がスマートでわかりやすいようにも見えます。しかし、丸括弧はさまざまな使い
方が可能な記号なので、**丸括弧の中身と、それが説明しているものとの意味的な関係には
解釈の余地が発生します**（上記の例では「受注情報」と「営業部」の関係）。採点者に解
釈の余地を与えないという意味で、本書では丸括弧 （　） を推奨していません。

▶ **使ってよい略語**

　与件または設問に登場している略語は堂々と使用できます。反対に、与件文にも設問に
も書かれていない略語は原則として使用しません。ただし、どうしても略語を使用しない
と字数が入りきらない場合、次善の策として以下は使用可能です。

①一般的によく知られている略語

　　例：HP（ホームページ）、OEM（相手先ブランド生産）

②事例の設定上、前提知識とみなせる略語

　　例：小売業の事例におけるPB（プライベートブランド）

　　　　事例ⅣにおけるCF（キャッシュフロー）

一般的といいきれない略語を使うのは避けます。

　　例：配転（配置転換）、WG（ワーキンググループ）

与件の言葉を勝手に略さないほうが安全です。

　　例：「プラスチック成形事業」を「プラ成形事業」とするなど

6.6.3 あとは書くだけ！　　　　　　　　　　　　工程24

　以上で「書く」の説明は終了です。約40分間、工程23 で決定した時間配分で、ひた
すら書いていきます。

　実際に書き始めると、「考える」工程で気づかなかった問題点が発覚することでしょう。
そのときは慌てずに、あきらめずに対処してください。そういった現場対応力は過去問や
答案練習で養うしかありません。それが受験勉強のコツでもあります。

6.8 「書く」のまとめ

以上で「書く」工程は終了です。本章の重要なポイントを以下にまとめました。

- ☐ 採点者は解答用紙でしか受験生の優劣を測ることができない
- ☐ 「書く」とは、考えを 100%、採点者に伝えること
- ☐ 「書く」作業を標準化する
- ☐ 解答文作成マシーンになる
- ☐ 合格答案 ＝ 表現力 × 構成力 × 与件活用力
- ☐ 主語と述語をマスターする
- ☐ 1 文は 50 字以内、1 文で言いたいことは 1 つだけ
- ☐ 因果で根拠を表現する
- ☐ 論理パターンはピラミッド型と並列型
- ☐ 文章量の均等を目指す
- ☐ 切り口を使って書く
- ☐ 切り口はナンバリングする
- ☐ 与件文を最大限活用する
- ☐ 記述のルールを確立する
- ☐ 採点者の負担にならないような解答を心がける

筆記具を追求する

　通常、**シャープペンシル（鉛筆）**の芯は HB が多いと思いますが、診断士試験では B など、少し濃いめの筆記具を使うとよいでしょう。軽い筆圧で素早く線を引くことができます。段落や文の区切り線も書きやすいですし、解答文も力も入れずに書け、また太く濃い文字となるので、他の答案と比べて目立ち、自信のある解答に見えます。さまざまな立場での手書き文の採点経験者が異口同音に言うとおり、濃く大きく書かれた答案は読みやすく印象が良いのに対し、薄く書かれた答案は採点する意欲が萎えます（池上彰氏も大学の担当講座について同じ趣旨をコラムに書かれていました）。

　また、色付きの**マーカー**については修正しづらい点で賛否があります。後から消せるマーカー製品もあるようですので興味のある方は試してみてください。

　さらに**消しゴム**にもこだわってみましょう。1 マスだけ消せる尖った角を多くしてあるもの、机の上で転がらないもの、カスが出ないもの、などなどいろいろと研究の余地はあります。

　1 年に 1 度の本試験、筆記具にもこだわってみましょう。

第7章

見直し

工程	作業内容	所要時間	経過時間
25	記入した解答のチェックを行う	2分間	80分

7.1 最後の 1 ～ 2 分

7.1.1 見直し   工程25

前の工程までで、解答を記入する作業が終わりました。最後に 1 ～ 2 分間でも、書いた答案全体の見直しをする時間をとりたいものです。この工程では、答案の骨子や文章構成は修正しません。記入上のケアレスミスをチェックします。

▶ 誤字・脱字をチェックする

誤字・脱字はほぼ必ずあります。600 字にもなる答案を短時間で記入するので当然です。

誤字を発見したのが試験時間の残り数十秒の時点であったなら、無理して大幅な書き直しはせず、「意味が通じる」ことを優先にして部分的な修正にとどめます。

なお、2 重線での削除修正を答案に施した場合、どの程度、採点に影響するかは不明です。しかし、大幅な書き直しができない場合に次善の策としては選択肢として持っていてもよいと思います。

▶ 受験番号を確認する

最初の 工程01 でも述べたことですが、最後にもう 1 度確認しましょう。

以上で、80 分間の工程が終了しました。

本試験では、終了の合図があったら、終わった科目のことは頭からすぐに追い出してください。1 日 4 科目の試験です。次の科目のことを考えましょう。終わった科目のことを考えても何のメリットもありません。

すぐにまた次の 80 分の戦いが始まります。

なぜ問われたことに答えられないのか

人間は、普段のコミュニケーションでは意外と聞かれたことにストレートに答えていないものです。とりわけ、自分のわからないことを質問されたときに、別のことを答えて「ごまかす」のは、**自己防衛の心理**や、答えられなくて**相手に申し訳ないという心理**が働くからだそうです。

しかし、診断士試験では自己防衛も出題者に申し訳ないと思う必要もありません。

問われたことにストレートに答えましょう。

第8章

事例Ⅳの解法

本章では、事例Ⅳ（財務・会計戦略）の解法を説明します。
前章までに説明してきた事例Ⅰ～Ⅲの解法は、事例Ⅳで
も通用する部分がありますが、事例Ⅳに特有の解法も存
在します。

8.1 事例Ⅳを得点源にするために

8.1.1 タイムマネジメント

事例Ⅳでは、「点が取れる問題に時間を使う」ことが極めて重要です。このことは他3科目（事例Ⅰ～Ⅲ）についてもある程度あてはまりますが、事例Ⅳでは死活的に重要です。事例Ⅳでは、全ての設問を場当たり的に力技で解くのではなく、**「点が取れない問題には時間を割かない」**というタイムマネジメントが必要です。

どの問題が難問で、どの問題が比較的易しいのか、設問を読んだだけで見極める力をつけるためには、地道な計算トレーニングの繰り返しが必要です。

その上で、他の3科目同様、解答の手順やタイムマネジメントを確立することが必要です。

8.1.2 ケアレスミスをいかに減らすか

計算ミス、単位の間違いなどのケアレスミスをいかになくすかは大きなポイントです。ケアレスミスは後から発見することが難しいため、**計算手順にケアレスミス予防策を組み込んでおく**ことが必要です。具体的には下記のような対策を習慣づける必要があります。

暗算禁止	本試験のプレッシャー下では、ふだん思いもよらないような暗算ミスをすることがある。簡単な計算でも暗算でなく電卓を使うこと。
電卓は2回	同じ計算を必ず2回行う。打ち間違いによるミスを防ぐ。
転記は指差し確認	転記ミスはとりわけ後で発見しづらい。転記元の数字と転記先の数字を指で差し、間違いがないか確認する。
計算メモは丁寧に	計算過程において自分で書いた数字を自分で読み間違えることがある。美しい字である必要はないが、誤解しようがないような確実な筆跡で書く訓練をする。急がば回れである。

8.1.3 主要3分野を攻略する

近年の本試験での事例Ⅳの分野別出題数は**図表8-1**のとおりです。

過去問の傾向から、事例Ⅳの最重要出題分野は、**①経営分析（簿記、C/F計算書を含む）、②CVP分析、③設備投資の経済性計算**の3つです。また、設備投資の経済性の問題を攻略するためには、前提としてキャッシュフロー計算書を理解することが必要です。

テーマ	大分類	出題数	中分類	出題数
基本問題	B/S 構造・P/L 構造	23	財務分析	18
			簿記	5
	C/F 構造	2	キャッシュフロー計算書	2
利益	CVP 分析	24	損益分岐点分析	18
			プロダクトミックス	6
キャッシュ	設備投資の経済性	16	正味現在価値法	15
			回収期間法	1
	企業価値	4	DCF 法	4
	資金調達	1	最適資本構成	1
その他	不確実性	5	デシジョンツリー	2
			為替リスク	1
			債権リスク	2
	その他の論点	13	サービス品質	1
			事業部の評価	4
			子会社関連	2
			大口取引先依存	2
			品質原価計算	1
			事業承継	1
			情報戦略	2

（損益分岐点分析に「←最重要分野」の矢印）

　これらの最重要分野の解法をしっかり身につけるためには、やみくもに数多くの問題をこなすのではなく、自分の理解があやふやな部分については一度立ち止まり、時間をかけて一つ一つしっかり理解していくことが重要です。

8.2　事例Ⅳ答案作成の工程表

8.2.1　事例Ⅳ答案作成の工程表

　事例Ⅳでは他の科目以上にタイムマネジメントが重要であることはすでに述べました。タイムマネジメントの基礎となる、事例Ⅳについての解答作成の工程表が**図表 8-2** です。第７章までに説明した事例Ⅰ～Ⅲについての工程表と異なっています。

大分類	工程	作業内容		所用時間	経過時間	対応
準備	01	受験番号を記入する			00分	自動化
	02	メモ用紙を作る		2分間		
	03	形式段落の間に線を引く				
	04	与件文の分量を確認する				
	05	単位、小数点条件、税率などを確認する			02分	
読む	06	設問文に目を通し全体像を把握する		2分間	04分	
	07	与件文を読む（1回目）：精読		6分間	10分	
	08	与件文を読む（2回目）：整理		2分間	12分	
考える	09	基本的な財務指標を計算する		8分間		個別対応
	10	財務指標と与件文の情報を結び付ける				
	11	設問間の一貫性を確認する				
	12	財務指標の仮決定を行う				
	13	問題毎の時間配分を設定する			20分	
解く	14	解く（見直しを含む）	経営分析以外の問題1	15分間※		パターン化
			経営分析以外の問題2	15分間※		
			経営分析以外の問題3	15分間※		
	15	経営分析問題の解答を記述する		5分間	70分	
予備	16	調整する・粘る		10分間	80分	

※）上記14〜16「解く」工程は典型的な例。問題数と問題毎の時間配分により変わる。

以下、各工程について説明します。

8.3 事例Ⅳの「準備」工程

8.3.1 最初の1分間　　　事例Ⅳ 工程01〜事例Ⅳ 工程04

　最初の4つの工程、すなわち受験番号を記入する、メモ用紙を作る、形式段落の間に線を引く、与件文の分量を確認する、については事例Ⅰ〜Ⅲと同様です（3.1節「最初の1分間」を参照）。

8.3.2 単位、小数点条件、税率などを確認する 〔事例Ⅳ 工程05〕

この工程では、財務諸表や設問文に記載されている、金額の単位（百万円単位、パーセント表示など）、小数点の条件（「小数点第3位を四捨五入」など）、税率などを確認し、マーキングしておきます。

過去の本試験では設問文と解答で表示単位が異なっており注意が必要な出題もありました。単位については、この準備工程の時点で解答用紙に単位を記入してしまうことも間違いを防ぐ一つの方法です。

なお、法人税率について、最近の本試験では30％と設定されていますが、平成24年以前の本試験や市販教材では「法人税の実効税率を40％」と設定していることが多かったため、過去問を活用した試験対策を行う場合、注意が必要です。

8.4 事例Ⅳの「読む」工程

8.4.1 設問文に目を通し全体像を把握する 〔事例Ⅳ 工程06〕

次に、設問文にざっと目を通します。設問文へのマーキングは、まだしません。この工程は、設問文を読んで以下のような事項を把握する工程です。

出題傾向	例年通りの出題傾向であるか。問題数が極端に多かったり少なかったりしないか。
各設問の分野	どの設問がどの分野からの出題か。経営分析、簿記・CF計算、CVP分析、設備投資の経済性、など。
難易度	どの設問がどのぐらいの難易度か。また、全体的な難易度はどうか。おおよその判断をする。

8.4.2 与件文を読む 〔事例Ⅳ 工程07～事例Ⅳ 工程08〕

次の2つの工程、「与件文を読む（1回目）：精読」と「与件文を読む（2回目）：整理」については基本的に事例Ⅰ～Ⅲと同様です（第4章「読む」を参照）。

「事例Ⅳは与件文が重要でない」というのは間違いです。他の科目に比べて事例Ⅳの与件文は分量が少ないためか、与件文をおろそかにする受験生もいますが、与件文をしっかり読むかどうかで、経営分析問題や記述問題への取り組みに差がつきます。経営分析問題や記述問題への対応のためにもD社がどのような課題に直面しているのかを与件文から

も把握することが必要です。[10]

　事例Ⅳの場合、財務指標への影響を意識しながら与件文を読みます。具体的には、「配送コストが増大し…」、「安定受注を確保することが課題であり…」、「適正料金の設定によって採算性を…」、「社屋の用地を取得し…」などの記述があった場合、どのような財務指標に影響するのかを考えながら読みます。

　また、事例Ⅳの記述問題（近年の本試験では最後の方の設問）についても、解答のおおむね半分程度は、与件文に書かれている情報をヒントとすればなんらかの対応ができるものになっています。

　なお、事例Ⅳの場合、他3科目に比べて与件文の分量が少ないので、「与件文の構造を整理する」作業（4.3.5節の④）については重視しなくて結構です。

8.5　事例Ⅳの「考える」工程

8.5.1　基本的な財務指標を計算する　　　　事例Ⅳ 工程09

　事例Ⅳでは例年、財務指標の分析を通して事例企業の経営状況を分析させる「経営分析問題」が出題されています。事例Ⅳの場合の「考える工程」とは、他3科目と違って、「経営分析の指標を考える」工程にほかなりません。

　最初に、経営分析問題でどの財務指標を解答するかの「めぼしをつける」作業を行います。あくまで「めぼし」をつけるだけであって、最終的な解答はまだ決定しません。

　重要なことは、**計算する基本的財務指標をあらかじめ決めておく**ということです。与件文に書かれている「D社の問題点」に関連しそうな財務指標（だけ）を計算してみるという取り組み方も考えられますが、本書で推奨している方法はそうではありません。なぜなら、本来の経営分析とは、まず財務諸表だけからスタートし、数値として現れている問題点がないかを洗い出し、なぜその数値になっているかを探っていくものだからです。

　なお、このあらかじめ計算すると決めておく基本的財務指標について、AAS東京では以下の指標を推奨しています。（各指標の意味や計算式についての解説は本書の範囲を超えますので専門書にゆずります。）

---

10. 再現答案と得点開示請求結果の分析から、2次試験の採点では素点に対し調整点を加減する、いわゆる「得点調整」が行われていると推測できる。特に、事例Ⅳの場合は計算問題の正解・不正解が明確であるために、得点調整は主として記述問題に関連して行われていると思われる。したがって、与件文の定性的な情報から記述問題の解答を導き出すことは試験対策上、重要である。

AAS東京が推奨する基本的財務指標

切り口	指標
収益性	売上総利益率(売上原価率) 売上高営業利益率(売上高販管費比率) 売上高経常利益率
効率性	売上債権回転率 棚卸資産回転率 有形固定資産回転率
安全性	【短期】流動比率、当座比率
	【長期】固定長期適合率
	【資本構成】自己資本比率、負債比率

▶ 財務指標の計算メモは財務諸表の余白を使う

ここでのポイントは、財務指標の計算にあたっては、他の計算問題と違い、(事例Ⅳ 工程02)で作成した「メモ用紙」(問題用紙の表紙等の裏)ではなく、問題用紙に記載されている**財務諸表の余白を使って計算**する、ということです。

理由としては、後で総合的に検討する際に参照しやすいこと、検算がしやすいこと、財務指標の計算は複雑でないため余白で十分であることです。「メモ用紙」は複雑な計算問題のためにとっておきます。

財務指標を計算する際、最初の準備として、**貸借対照表の直下の余白などに売上高を転記**しておくと大変便利です。財務指標のうち、効率性の指標の計算には貸借対照表の数値と売上高の両方が必要になりますが、多くの場合、貸借対照表と損益計算書が別のページに書かれているからです。もちろん、売上高を転記する際には「8.1.2 ケアレスミスをいかに減らすか」で述べた、転記の際の指差し確認を怠らないようにしてください。

収益性の指標については損益計算書の余白に(営業利益の横に営業利益率など)メモをすればよいでしょう。

財務指標の計算メモ例を**図表8-3**に示します。

財務指標の計算メモ例 （図表8-3）

D社の前期および当期の財務諸表は以下のとおりである。

貸借対照表 （単位：百万円）

	前期	当期		前期	当期
〈資産の部〉			〈負債の部〉		
流動資産	225	259	流動負債	138	465
現金及び預金	164	195	仕入債務	17	20
売上債権	13	14	短期借入金	–	318
たな卸資産	7	10	一年内返済予定の長期借入金	43	47
その他の流動資産	41	40	一年内償還予定の社債	10	–
固定資産	371	641	その他の流動負債	68	80
有形固定資産	287	531	固定負債	112	66
建物	267	191	長期借入金	67	20
土地	–	320	その他の固定負債	45	46
その他の有形固定資産	20	20	負債合計	250	531
無形固定資産	1	2	〈純資産の部〉		
投資その他の資産	83	108	資本金	50	50
			資本剰余金	23	23
			利益剰余金	273	296
			純資産合計	346	369
資産合計	596	900	負債・純資産合計	596	900

831 940 ←売上高を転記

効率性の指標のメモ

安全性の指標のメモ

— 2 —　DKJC-2D

損益計算書 （単位：百万円）

	前期	当期
売上高	831	940
売上原価	410	483
売上総利益	421	457
販売費及び一般管理費	322	350
営業利益	99	107
営業外収益	3	8
営業外費用	8	20
経常利益	94	95
特別損失	–	56
税引前当期純利益	94	39
法人税等	27	12
当期純利益	67	27

収益性の指標のメモ

損益計算書に関する付記事項 （単位：百万円）

	前期	当期
減価償却費	28	36
受取利息・配当金	–	–
支払利息	1	4

— 3 —　DKJC-2D

8.5.2 財務指標と与件文の情報を結び付ける　事例Ⅳ 工程10

近年の本試験事例Ⅳの経営分析問題では、下記のような問われ方がされています。

「D社の財務指標のうち、悪化していると思われるものを2つ…」

「同業他社と比較してD社が優れていると考えられる財務指標を…」

「D社の課題を示すと考えられる財務指標を2つ…」

このような問われ方に対して解答すべき財務指標を決めていくことになりますが、そのために、財務指標の計算結果と与件文との対応関係（ひもづけ）を確認します。

対応関係の確認にあたっては、事例Ⅳ 工程07 「与件文を読む（1回目）：精読」で行ったラインマーキングが助けになります（4.3.4節 ②「SWOTでラインマーキングを行う」を参照）。数値の良い財務指標と悪い財務指標について、それぞれ下記のような対応関係が見つかるかどうかを確認します。

財務指標の計算結果	与件文の記述	ラインマーキングの色
数値が良いもの	強み	青
数値が悪いもの	弱み・脅威	緑

この対応関係が確認できた指標については自信を持って解答に採用することができます。

8.5.3 設問間の一貫性を確認する 　事例Ⅳ 工程11

　財務指標を3つ以上答えさせる問題の場合、上記、 事例Ⅳ 工程09 ～ 事例Ⅳ 工程10 の方法で、だいたい2つぐらいまでは決めることができます。しかし、そのほかに確信が持てない財務指標が残るでしょう。その場合に、設問間の一貫性から決定することができる場合があります。

　例えば、数値の悪い指標があった場合、その原因が他の設問で解決されるストーリーになっているのではないかという仮説を立てて検証します。事例Ⅳにおける経営分析問題は、他3科目における「環境分析問題」にあたります。他3科目において「弱みを放置しない」（5.3.7節参照）ように気をつけたのと同様、事例Ⅳでも指標の数値が悪い原因は他の設問で解決されているではないかと考えます。

　逆にいえば、経営分析以外の設問でD社のどのような問題点を解決しようとしているのかを考えます。例えば、設備投資の経済性計算をさせる問題が存在するということは、設備投資によってD社のなんらかの問題点を解決できるストーリーではないか、だとすれば、設備投資によって改善する財務指標は何か、などのように考えます。

8.5.4 財務指標の仮決定を行う 　事例Ⅳ 工程12

　ここまでの工程で、経営分析問題の解答とする財務指標をほぼ決定できました。これらの財務指標を解答として仮に決定しておきます。あくまで仮決定であり、解答用紙にはまだ書きません。

　他3科目の環境分析問題でもそうですが、経営分析問題の記入（「書く」工程）は試験時間の後半に配置したほうが無難です。なぜなら、他の設問を解いている間に事例問題の診断・助言のストーリーがより明確になり、上記で仮決定した指標を変更したくなるかもしれないからです。例えば、仮決定で営業利益率を採用していたが、設問の内容も踏まえると売上総利益率のほうがよりよいのではないかと考え直す、などです。

　訓練さえすれば、経営分析問題の記入自体にはさほど時間がかかりませんので80分の最後の方に回すことを本書では推奨しています。

8.5.5 問題毎の時間配分を設定する 　事例Ⅳ 工程13

　問題ごとに使う時間を決めます。具体的には、経営分析問題以外の問題について、**1問あたり10～15分間**を目安に、残り時間と問題毎の設問数・難易度を考慮して調整します。ここでいう「1問」とは複数の設問を含む大問のレベルになります。設問毎に厳密に時間配分を設定すると予定どおりに進まない場合の調整が煩雑になるため、大まかに大問レベルで時間配分を設定しておけばよいでしょう。

また、**経営分析問題については5分間**を目安としてください。

　問題ごとに使う時間を決めておかないと、難しい問題に延々と時間を使ってしまい、解けるはずの他の問題に取り組めないまま80分が終わってしまうといった結果にもなりかねません。個々の問題に取り組む前に「この問題は何時何分までに終わらせる」と決めておき、その時間が来たら、たとえ終わっていなくても別の問題に移る必要があります。

8.6　事例Ⅳの「解く」工程

8.6.1　経営分析問題以外を解く　　　　事例Ⅳ 工程14

　ここからが各設問を解いていく工程です。前述のように、経営分析問題は最後に回して、それ以外の問題に取り組んでいきます。

▶ 難度の低い問題から先に

　問題の難易度は、前の工程までにある程度見極めているので、まずは易しそうな問題から着手します。易しそうな問題を確実に処理することで、心理的な余裕にもつながります。

▶ 計算問題の設問文にマーキングをする

　計算問題について、設問文に計算で使う条件が書かれている場合、それをマーキングします。例えば、勘定科目、年度、金額（数値）などです。具体的な例を下記に挙げます。

計算問題の設問文へのマーキングの例

- **小数点第3位**を四捨五入し…。
- 単位を**百万円**とし**小数点第1位**を四捨五入すること。[1つの事例問題の中で異なる四捨五入位置が混在している場合がある]
- 用地取得の**1年後**には完成して引き渡しを受ける予定である。
- ［財務諸表の右上などに付記されている単位］（単位：**百万円**）
- 新店舗が営業を開始してから**5年間**（当初投資後**2年目から6年目まで**）のキャッシュフローは…。
- **6年後**の売却価値は簿価と同額。
- キャッシュフローは**毎年均等**に生じるものとする。
- 売上高に対する手数料の比率は**1.8%**である。
- セグメント利益は**経常段階**の利益である。

- ・売上高に**セグメント間の取引**は含まれていない。
- ・**当期実績を前提とした**全社的な損益分岐点売上高を (a) 欄に計算せよ。
- ・**経常利益段階**の損益分岐点売上高を計算し、**百万円未満を四捨五入**すること。
- ・次期に目標としている全社的な経常利益は **250 百万円**である。不動産事業部の損益は**不変**で、マーケット事業部の売上高が **10%** 増加し、建材事業部の売上高が**不変**であることが見込まれている。

計算をする場合に間違えやすい条件を確実に把握する必要があります。繰り返しの練習を行い、自分のマーキングのルールを身につけて本試験で自動的にできるようにしてください。

なお、本書では事例Ⅳの設問文へのマーキングは全てピンク色とすることを推奨しています。

そのほか、他 3 科目と同様に「題意」を四角で囲むことも有効です。事例Ⅳの場合は題意自体が複雑でない場合も多いため、題意を四角で囲む作業は適宜省略してもよいでしょう。ただし、過去問では「損益分岐点売上高の変動額」が問われているのに「損益分岐点売上高」を答えてしまった受験生が多かったという例も実際にあります。題意にも十分な注意が必要です。

▶ 大きなメモ用紙の使い方

次に、（事例Ⅳ 工程02）で作成した「メモ用紙」の使い方について説明します。問題用紙の表紙を切り離して作成した B4 サイズのメモ用紙です。これは、CVP 分析問題や NPV 計算の問題など、比較的複雑な計算を必要とする問題に使います。

B4 サイズのメモ用紙の半分を大問 1 問に割り当てるつもりでいれば、表紙の裏、裏表紙の裏、裏表紙の合計 3 ページすなわち 3 問までは対応できることになります。

▶ 時間配分をリアルタイムで修正する

こうして経営分析問題以外の問題に取り組んでいきますが、各問題の解答作業が終了するたびに、試験の残り時間を確認します。この作業は、（事例Ⅳ 工程13）で決定した問題ごとの予定時間と、実際に解いてみた実績時間を対比する作業といってもよいですが、あまり厳密に考えず、リアルタイムで「残りの時間」と「残りの問題数」を確認して、時間配分を随時修正します。

また、時間配分については後述する「予備」工程の解説とあわせて理解をしてください。

▶ 経営分析問題の解答を記入する

経営分析問題以外の解答が終わったら経営分析問題の解答を記入します。この工程には 5 分間使います。すでに **8.5.4 節**（事例Ⅳ 工程12）で仮に決定してある財務指標を立脚点

として、経営分析問題以外の問題を解答したこのタイミングで最終的に事例問題全体のストーリーや一貫性を考察して、本決定を下します。財務指標の名前と値を記入すると同時に、分析内容を記述します。経営分析の記述方法についてはある程度定型化できますので訓練を積めば、比較的短時間で記入できるはずです。

▶ 見直しをする

最後に全体の見直しを行います。この段階では、誤字・脱字、単位の誤りなどを中心にチェックするにとどめ、大幅な修正は行いません。基本的には解けている問題について些細なミスによる「取りこぼし」を防ぐ、という意識で行ってください。

本来、この時点でミスに気づいて修正することは大変非効率です。後で修正することに時間を使うよりは、本章で説明したような「ミスを起こさないための準備作業」に時間を使うほうが効率的だといえます。

8.7 事例Ⅳの「予備」工程

8.7.1 調整する・粘る   〔事例Ⅳ 工程15〕

この工程は、いってみれば「バッファ時間」です。事例Ⅳでは、他3科目にもまして、試験中の解答作業がなかなか予定通りに進みません。そこで、最初から工程表に「予備」工程としてバッファ時間を設けておき、予定外の事態に備えておくことをお勧めします。**図表 8-2 答案作成の工程表（事例Ⅳ）**では、「予備」工程に10分間を割り当てています。

このバッファ時間を、その前の工程で予定より時間がオーバーした場合の調整に使ったり、逆に、時間通り終わった場合には、解ききれなかった問題にあらためて取り組み、時間いっぱいまで粘るのに使ったりできます。

8.7.2 事例Ⅳのタイムマネジメントの例

近年の本試験事例Ⅳの問題数は、問題（大問）数が4問、設問数が7～8問です。

このことから試験当日の問題数を4問と想定した場合の〔事例Ⅳ 工程14〕～〔事例Ⅳ 工程15〕解く・予備）の時間経過とタイムマネジメントの思考は、例えば右記のようになります。

事例Ⅳ試験当日の時間経過と思考プロセスの例　　　　　　　　　　　（図表8-4）

設問	時間配分 （計画）	時間経過 （実績）	タイムマネジメントの思考
第2問(CVP分析)	15分	15分	計画通りだな…。
第3問(NPV)	15分	18分	計画を3分オーバーしたな。終わっていないが、計画時間を過ぎているので次の設問に強制的に移行しよう。
第4問(記述問題)	15分	15分	よし、計画どおりだ。
第1問(経営分析)	5分	7分	記述に時間がかかって2分オーバーしてしまった。
バッファ時間	10分	5分	残った5分で第3問をできるだけ粘ろう。

　図表8-4の例ではCVP分析、NPV計算、記述の3つの問題が出題された場合を想定しています。試験準備としては、本試験の過去問等を使って、さまざまなケースについてトレーニングしてください。

8.8　第8章のまとめ

　以上、事例Ⅳについての解答の手順やタイムマネジメントをまとめました。個々の論点の問題を実際に解けるようになるためには、別途過去問や計算問題集などでトレーニングを積む必要があります。

　個別の論点については、時間をかけて理解のあやふやな部分をなくし、主要論点についてはどんな問題が出ても解けるようにしておくことが重要です。本章で述べた解答手順やタイムマネジメントはその訓練を前提としたもの、と考えてください。

　「事例Ⅳは努力を裏切らない」と、多くの合格者が口を揃える通り、事例Ⅳは繰り返しの訓練が本番でものをいいます。

第 2 部
演習編

第9章

事例演習

演習編では、第1部で解説した25の工程を、事例問題に即して実際に行ってみます。

題材となる事例問題は、AAS東京の公開模試で過去に出題した事例Ⅰ（組織・人事事例）の模擬問題です（1.2節にも掲載）。学習の進んだ受験生には、このまま練習問題としても活用していただけます。

まずは、本試験と同じ80分間で問題に取り組んでみてください。

問題

　A社は、道路の区画線や標識設置工事などを行う企業である。資本金は5,000万円、売上高は10億円、従業員は80名である。A社の100%子会社であるF社とあわせ、グループ全体で110名の従業員を擁しており、A社が事業を行っている地方の同業者の中では比較的大きな企業である。8年前にF社を買収した直後は利益率が悪化した時期もあったが、現在は利益率も改善している。

　A社は、1960年代に創業し、高度成長期の道路工事需要の高まりを背景に、道路の区画線工事の専門業者として右肩上がりの成長を遂げてきた。A社が事業を行っている道路工事業界は、公共工事が業務の主力であり、A社も売上のほぼ100%が県や国土交通省、またはNEXCOから発注される事業である。

　建設業は全般に公共事業の動向に業績を大きく左右されるが、中でも道路工事業は特にその傾向が強いといえる。道路工事を含めた公共工事需要は1980年代から減少傾向に転じ、東日本大震災の復興需要やわが国全体のインフラメンテナンス需要で下支えされてはいるものの、中長期的にはゆるやかな減少傾向が続いており、今後も需要の増加が見込めない状況にある。

　A社では、2000年頃から売上の減少が顕著になり、なんらかの新規事業へ進出することが課題となっていた。しかし、新事業分野は既存の工事事業と親和性の高い分野でなければ経済性が発揮できないため、進出すべき分野については慎重な模索が続いていた。そのような中、道路標識の製造事業者で、A社社長の知り合いでもあったF社のオーナー経営者から、後継者不在を理由とした経営譲渡の相談があった。F社は、業歴が古く、地元の業界では名の知れた、発注元から信頼されている企業である。A社は当時、道路の区画線工事に関連して道路標識の設置工事も行っていたが、道路標識は他社から仕入れていた。F社とは道路標識関連の事業で親和性があり、買収によって規模の経済性を発揮できる可能性があると判断したA社社長は、最終的にM&Aを実施した。

　A社社長は、M&Aを行うにあたって、F社を吸収合併することはせず、別会社として存続させ、F社の社名を変更していない。また、F社の社長には、長年F社で働いていた50歳代の人材を後継者として任命しF社の経営を任せている。当初の話では後継者不在とのことだったF社だが、A社社長が目をつけた人材

に新社長として就任するよう説得し、手続き面、財務面に至るまでの支援をA社が全面的に担うことで、F社生え抜きの人材が社長を務める体制が整った。

　M&Aを行った当時、F社は道路標識の製造だけでなく設置工事も行っていた。しかし、全体として業績は芳しくなかった。A社社長は、F社の工事部門の従業員をA社に移籍させて工事部門の所属とした。移籍にあたっては、給与水準を高めに設定したこともあって人件費などの固定費が増大したのはもちろんのこと、相応の社内環境整備や最低限の入社研修などの一時費用も発生したが、M&Aにともなう一人の離職者も出さず、雇用を守ることができた。

　F社においては、残された製造部門に経営資源を集中することにより、意思決定が迅速化した。F社の従業員も、M&Aを機に、あらためてF社に対する帰属意識や社内の一体感を感じるようになり、業績を改善させるという、F社の新社長が掲げる目標を共有している。

　従来のF社は、標識の設置工事も自社で行っていたが、A社の傘下に入ってから、工事についてはA社に発注すればよいことになった。顧客から見れば、道路標識の製造と設置工事をワンストップで行える数少ない事業者であることには変わりがなく、体制が脆弱であった以前のF社に比べて、むしろ発注から設置までがスムーズになったと評判になっている。またA社は、F社からの標識設置工事の受注が入るようになって売上高が増大し、利益率も改善した。

　一般に建設・土木業界では、入札できる営業エリアが限られていることが多いため、同一地域で多くの同業者が限られた仕事を分け合うことになる。このため、同業者どうしの競争と同時に、横のつながりも生まれやすい。このことは、収益向上を考える時に、業界再編を後押しする要因になりがちである。A社とF社の場合、M&Aはひとまず成功したといってよい。

　課題もある。そのひとつが、労働生産性の向上である。道路工事は公共事業であるため単年度主義であり、4月に始まり3月に終わるという案件が多い。なかでも、道路の区画線や標識の設置は道路工事の工程において最終段階にあたることから、第4四半期（1〜3月）に工事が集中する。この繁忙期に必要な人数の従業員を、年間通じて雇用することは難しいため、A社でも繁忙期には長時間の残業や休日出勤が発生し、労働生産性を下げている。道路区画線工事と標識設置工事は担当できる技術を持った従業員が分かれているため、同じ繁忙期でも、細かく見れば、区画線工事の担当者は比較的手が空いているのに、標識設置工事の担当者が足りない、あるいはその逆、といった状況が頻繁に起きている。

　もうひとつの課題は、従業員の確保と定着率の向上である。2000年代に入ってから、建設業全体に人手不足と採用難が深刻化している中、就業中の従業員の離職は避けなければならない。現在のA社グループは定着率が低い状況には

ないが、子育てや介護に少なからず苦労している従業員が出始めている。また、M&A前からのA社従業員とF社出身の従業員の間で仕事の評価基準が異なるのではないかとの不安を持っている従業員もいるらしい。

　A社社長も、60歳代半ばにさしかかって、自身の事業承継について考えるようになっている。次代を担う経営者はできればグループ内の人材であってほしいが、建設業界の先行きが不透明な中、特に地方の建設業者は難しい経営判断を迫られるため、次の経営者には相応の資質と経験が必要であろうとA社社長は考えている。

第1問（配点20点）
　A社がM&Aを実施するに至った背景には、道路工事業界の、どのような特徴があると考えられるか。100字以内で述べよ。

第2問（配点20点）
　F社を買収した直後、A社の利益率は、F社を買収する前よりも悪化したが、その後、改善した。A社の利益率の悪化と改善の要因を120字以内で説明せよ。

第3問（配点40点）
　A社社長は、F社を別会社として存続させることを選択した。その理由として、F社の知名度や顧客基盤をA社グループで活用できること以外に、どのようなことが考えられるか。以下の設問に沿って答えよ。

（設問1）
　F社が別会社であることは、組織構造の面で、A社グループにどのようなメリットを与えているか、80字以内で説明せよ。

（設問2）
　A社社長は、買収後もF社の社名を変更せず、F社の社長にはF社出身の人材を据えて経営を任せている。その理由として、どのようなことが考えられるか。100字以内で答えよ。

第4問（配点20点）
　A社は、労働生産性の向上と従業員の定着率向上のために、どのような施策をとるべきか、120字以内で提案せよ。

（問題文ここまで。次ページに解答用紙）

《模擬問題 解答用紙》

第 1 問 (配点 20 点)

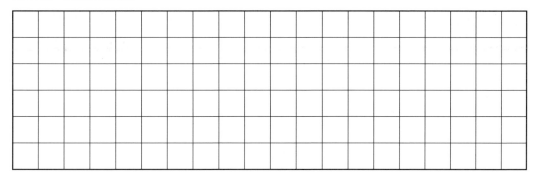

第 2 問 (配点 20 点)

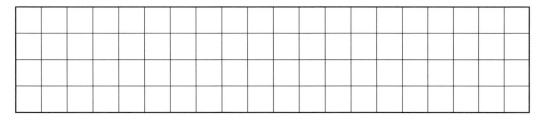

第 3 問 (配点 40 点)

(設問 1)

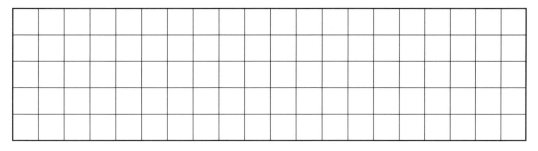

(設問 2)

第9章

事例演習

第 4 問（配点 20 点）

（解答用紙の原稿用紙マス目）

《模擬問題ここまで》

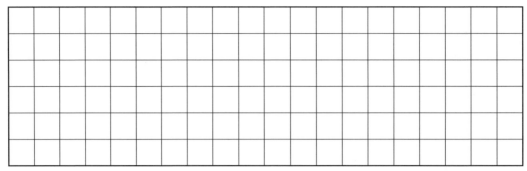

9.2 「読む」工程の演習

以上の模擬問題を題材に、第 1 部で解説した「読む」「考える」「書く」の工程を行ってみましょう。

まず、読む工程です。第 1 部の 工程07 から 工程11 までの工程を実行してみます。

9.2.1 事例企業の業種や創業時期を把握する　　　工程07の演習

多くの場合、与件文の第 1 段落に書かれています。

> **第 1 段落**
>
> 　A 社は、道路の区画線や標識設置工事などを行う企業である。資本金は 5,000 万円、売上高は 10 億円、従業員は 80 名である。A 社の 100％子会社である F 社とあわせ、グループ全体で 110 名の従業員を擁しており、A 社が事業を行っている地方の同業者の中では比較的大きな企業である。8 年前に F 社を買収した直後は利益率が悪化した時期もあったが、現在は利益率も改善している。

《読み方》

　業種は道路の区画線や標識設置工事の会社。子会社を持っている。**子会社を買収**したのは 10 年前、なにやら**利益率**の話が書かれている。まずはその程度の把握でよい。

9.2.2 社長の相談事（経営課題など）を把握する　工程08の演習

事例のテーマに「あたりをつける」ために、与件文の最終段落をさっと読んでみます。

第12段落

　A社社長も、60歳代半ばにさしかかって、自身の事業承継について考えるようになっている。次代を担う経営者はできればグループ内の人材であってほしいが、建設業界の先行きが不透明な中、特に地方の建設業者は難しい経営判断を迫られるため、次の経営者には相応の資質と経験が必要であろうとA社社長は考えている。

《読み方》

事業承継が論点の一つになっているようだ。「グループ内の人材」云々、とあるのでどんな人材がいるのか注意しようと読む。

9.2.3 設問文を読む　工程09の演習

与件文を読む前に設問文を「事例のサマリー」がわりに一度読みます。

設問文

第1問（配点20点）

　A社がM&Aを実施するに至った背景には、道路工事業界の、どのような特徴があると考えられるか。100字以内で述べよ。

第2問（配点20点）

　F社を買収した直後、A社の利益率は、F社を買収する前よりも悪化したが、その後、改善した。A社の利益率の悪化と改善の要因を120字以内で説明せよ。

第3問（配点40点）

　A社社長は、F社を別会社として存続させることを選択した。その理由として、F社の知名度や顧客基盤をA社グループで活用できること以外に、どのようなことが考えられるか。以下の設問に沿って答えよ。

（設問1）

　F社が別会社であることは、組織構造の面で、A社グループにどのようなメリットを与えているか、80字以内で説明せよ。

（設問 2）

　A社社長は、買収後もF社の社名を変更せず、F社の社長にはF社出身の人材を据えて経営を任せている。その理由として、どのようなことが考えられるか。100字以内で答えよ。

第4問（配点20点）

　A社は、労働生産性の向上と従業員の定着率向上のために、どのような施策をとるべきか、120字以内で提案せよ。

《読み方》

　設問数は全部で5問（大問で4問）と例年同様だとわかる。配点も全て同じ20点らしい（第3問は不明だがおそらく20点ずつ）なので取り組むにあたって設問間の優先順位はなし。

　第1問、「A社がM&Aを〜」とあるので、**M&Aが1つのテーマであろう**と予期する。題意「特徴」、制約条件「A社がM&Aを実施するに至った背景には」、「道路工事業界の」にマーク。

　第2問、「F社を買収した直後、A社の利益率は、F社を買収する前よりも悪化したが、その後、改善した」から、工程07 でチェックした第1段落に「利益率」の語があったことを想起できる。**利益率に関する与件情報に敏感に**なっておこう。題意「悪化と改善の要因」にマークし、解答は「悪化の要因」と「改善の要因」をそれぞれ**並列に書くだろうなと予期する**。制約条件「F社を買収した直後」にもマークする。

　第3問は（設問1）と（設問2）に分かれているが、まず、第3問全体の**リード文を読み飛ばさないように**注意する。「F社の知名度や顧客基盤をA社グループで活用できること以外に」は強い制約条件であるため忘れないようマークする。

　第3問（設問1）、題意「メリット」にマーク。制約条件「組織構造の面で」にマーク。制約条件「A社グループに」にマーク。「A社」と「A社グループ」は区別する必要がありそうだ。

　第3問（設問2）、題意「理由」にマーク。「買収後もF社の社名を変更せず」と「F社の社長にはF社出身の人材を据えて経営を任せている」の2つの内容が書かれているため、この2つが**解答の切り口になる可能性**があると考え「社名」と「社長」にマークする。

　第4問、題意「施策」にマーク。制約条件「労働生産性の向上と従業員の定着率向上のために」にマーク。この2つ（労働生産性と定着率）も**解答の切り口になるのではないかと考える**。

　ここまでで 工程09 「設問文を読む」が終わりました。

9.2.4 与件文を読む（1回目）：精読 　工程10の演習

次に与件文に移ります。与件文を読む（1回目）は約12分間で行います。

第1段落

> A社は、道路の区画線や標識設置工事などを行う企業である。資本金は5,000万円、売上高は10億円、従業員は80名である。A社の100%子会社であるF社とあわせ、グループ全体で110名の従業員を擁しており、A社が事業を行っている地方の同業者の中では比較的大きな企業である。8年前にF社を買収した直後は利益率が悪化した時期もあったが、現在は利益率も改善している。

《読み方》

　再度、第1段落から読む。A社の**会社概要**。「売上高10億円」にマーク（黄色・太線）。売上高の情報が事例企業のビジョンに関連する場合があるためである。また「道路の区画線や標識設置工事など」にマーク（黄色・細線）。わざわざ具体的に列挙しているため事業領域の定義に関連するかもしれない。

　事例Ⅰであるため、組織や人に関係する情報は注意深くマークする（黄色・太線）。「従業員は80名」、「A社の100%子会社であるF社とあわせ、グループ全体で110名」はマークしておく。「F社」と明記していることから子会社が重要なテーマかもしれないと読む。**社名である「F社」を□で囲む**。

　つづく「A社が事業を行っている地方の同業者の中では比較的大きな企業」は意味ありげであるため**マークし（黄色）**、業界環境がなんらかの要因になっているかもしれないと読む。

　創業年度が書かれていないが、「8年前」という**時制表現を□で囲む**。

　つづく、利益率に関する情報も意味ありげである。第2問の設問文で「利益率」が問われていたことを思い出し「利益率」を**重要キーワードとしてマーク（黄色・太塗り）**。

第2段落

> A社は、1960年代に創業し、高度成長期の道路工事需要の高まりを背景に、道路の区画線工事の専門業者として右肩上がりの成長を遂げてきた。A社が事業を行っている道路工事業界は、公共工事が業務の主力であり、A社も売上のほぼ100%が県や国土交通省、またはNEXCOから発注される事業である。

《読み方》

　「1960年代」、「高度成長期」という**時制表現を□で囲む**。

　次に、「道路の区画線工事の専門業者」とあり、第1段落でマークした業種「道路の区

画線や標識設置工事など」と微妙に異なることに注意する（**黄色**）。

「道路工事業界は〜」は**業種の特性**を表していることから**マーク（黄色）**。事例Ⅰでは業種の特性がテーマになっていることが多いためである。「A社も売上のほぼ100％が県や国土交通省、またはNEXCOから」に**マーク（オレンジ色）**。**主要顧客の説明**は事例Ⅰで頻繁に問われる、ビジネスモデルの変革に関連するためである。

第3段落

　建設業は全般に公共事業の動向に業績を大きく左右されるが、中でも道路工事業は特にその傾向が強いといえる。道路工事を含めた公共工事需要は1980年代から減少傾向に転じ、東日本大震災の復興需要やわが国全体のインフラメンテナンス需要で下支えされてはいるものの、中長期的にはゆるやかな減少傾向が続いており、今後も需要の増加が見込めない状況にある。

《読み方》

段落全体が建設業および道路工事業の特性と業界環境の説明になっている。第2段落につづき、事例Ⅰで重要な**業種特性**の説明であるため、注意し**マーク（黄色）**する。

時制表現「1980年代」を□で囲む。後半は**環境変化に関する情報**であるため戦略上重要である。「減少傾向」、「需要の増加が見込めない」に**緑色でマークする（脅威）**。

第4段落

　A社では、2000年頃から売上の減少が顕著になり、なんらかの新規事業へ進出することが課題となっていた。しかし、新事業分野は既存の工事事業と親和性の高い分野でなければ経済性が発揮できないため、進出すべき分野については慎重な模索が続いていた。そのような中、道路標識の製造事業者で、A社社長の知り合いでもあったF社のオーナー経営者から、後継者不在を理由とした経営譲渡の相談があった。F社は、業歴が古く、地元の業界では名の知れた、発注元から信頼されている企業である。A社は当時、道路の区画線工事に関連して道路標識の設置工事も行っていたが、道路標識は他社から仕入れていた。F社とは道路標識関連の事業で親和性があり、買収によって規模の経済性を発揮できる可能性があると判断したA社社長は、最終的にM&Aを実施した。

《読み方》

時制表現「2000年頃」を□で囲む。「売上の減少が顕著になり、〜課題となっていた」は経営課題として**赤（ピンク）でマーク**する。「なんらかの新規事業へ進出」とあり、第2段落で気づいた、「創業時と現在で業種が異なっている」ことと関係がある可能性があるため、「新規事業」の部分は**赤（ピンク）の太塗り**、または**波線でアンダーライン**を引く。

つづいて**逆接の接続詞「しかし」に▽をマーク**。「新事業分野は既存の工事事業と親和性の高い分野でなければ経済性が発揮できない」とあり、一次試験知識の「親和性」、「経済性」が特徴的であるためマークする（**黄色・太塗り**）。

組織名（社名）の「F社」を繰り返し□で囲む。

次の「そのような中」も**前後関係を確実に把握**するための時制表現として扱い、□で囲む。「道路標識の製造事業者」は第1段落にあった業種と一致しているためマークする（**黄色**）。「経営譲渡」は子会社化につながると考えられるためマークしておく（**黄色**）。

「F社は、業歴が古く、地元の業界では名の知れた、発注元から信頼されている企業」はF社の強みを表していると考えられるため**青色でマーク**する。

「A社は当時」の時制表現「当時」を□で囲む。「道路の区画線工事に関連して道路標識の設置工事も行っていたが、道路標識は他社から仕入れていた〜最終的にM&Aを実施」の一連の文で、第2段落で気づいた業種の変遷の経緯が描写されている点に注意する。

「F社とは道路標識関連の事業で親和性があり、買収によって規模の経済性を発揮できる可能性があると判断したA社社長は、2010年にM&Aを実施した」については、社長の方針・取り組みなので**赤（ピンク）でマーク**しつつ、前述した同じ段落の「親和性」、「経済性」の語の再登場であるため同じものを指していると判断しておく。

第5段落

　A社社長は、M&Aを行うにあたって、F社を吸収合併することはせず、別会社として存続させ、F社の社名を変更していない。また、F社の社長には、長年F社で働いていた50歳代の人材を後継者として任命しF社の経営を任せている。当初の話では後継者不在とのことだったF社だが、A社社長が目をつけた人材に新社長として就任するよう説得し、手続き面、財務面に至るまでの支援をA社が全面的に担うことで、F社生え抜きの人材が社長を務める体制が整った。

《読み方》

この段落では「F社」が頻繁に登場する。引き続き、組織名（社名）の「F社」を繰り返し□で囲む。

「F社を吸収合併することはせず、別会社として存続させ、F社の社名を変更していない」について、先に読んでおいた設問文で「関連する設問があったな」と注意する（第3問 設問文）。組織・人事戦略の設問で対応する部分になるため**緑色でマーク**。

登場人物、「F社の社長」を□で囲む。**組織・人事事例であることから**、「長年F社で働いていた**50歳代の人材**」は設問で対応する可能性があるため**緑色でマーク**する。同様の理由で「F社生え抜きの**人材**が社長を務める**体制**」にも**緑色でマーク**する。F社社長の記述についても**緑色でマーク**しつつ、「関連する設問があったな」と注意する（第3問 設問2）。

　　M&Aを行った当時、F社は道路標識の製造だけでなく設置工事も行っていた。しかし、全体として業績は芳しくなかった。A社社長は、F社の工事部門の従業員をA社に移籍させて工事部門の所属とした。移籍にあたっては、給与水準を高めに設定したこともあって人件費などの固定費が増大したのはもちろんのこと、相応の社内環境整備や最低限の入社研修などの一時費用も発生したが、M&Aにともなう一人の離職者も出さず、雇用を守ることができた。

《読み方》

　　時制表現「M&Aを行った当時」を□で囲む。どこかに「8年前にF社を買収した直後」のことが書かれていたな、と思い出す（第1段落）。

　　組織名（社名）の「F社」を繰り返し□で囲む。「F社は道路標識の製造だけでなく設置工事も行っていた」は第1段落のA社の業種についての記述と整合性があるはずだと注意し、**重要キーワードとしてマークする（黄色・太塗り）**。次に「F社の工事部門の従業員をA社に移籍させて工事部門の所属とした」については、従業員の移籍（人事戦略）に関する話であり設問で対応する可能性が高いため**緑色でマーク**する。

　　次の、「給与水準を高めに設定」、「人件費などの固定費」、「相応の社内環境整備や最低限の入社研修などの一時費用」は、いずれも費用に関する情報であるため「どこかに利益率に関する情報があったな」と注意し（第1段落および第2問 設問文）、**重要キーワードとしてマーク（黄色・太塗り）**する。

　　つづく「一人の離職者も出さず、雇用を守ることができた」は、肯定的な表現であることに注意し、**重要キーワードとしてマーク（黄色・太塗り）**する。方向性として人的リストラによるコストダウンなどでないことがわかる。

　　F社においては、残された製造部門に経営資源を集中することにより、意思決定が迅速化した。F社の従業員も、M&Aを機に、あらためてF社に対する帰属意識や社内の一体感を感じるようになり、業績を改善させるという、F社の新社長が掲げる目標を共有している。

《読み方》

　　「残された製造部門」は、一つ前の段落でF社の工事部門がA社に移籍したことを指しているのだと確認する。「経営資源を集中」、「意思決定が迅速化」は、**1次試験知識**であり、**強みとして青色・太塗りでマーク**する。

　　「帰属意識や社内の一体感」は組織・人事事例特有の知識の語である。**強みとして青色・**

太塗りでマークする。「目標を共有」も同様に**青色・太塗りでマーク**。

第8段落

　従来のＦ社は、標識の設置工事も自社で行っていたが、Ａ社の傘下に入ってから、工事についてはＡ社に発注すればよいことになった。顧客から見れば、道路標識の製造と設置工事をワンストップで行える数少ない事業者であることには変わりがなく、体制が脆弱であった以前のＦ社に比べて、むしろ発注から設置までがスムーズになったと評判になっている。またＡ社は、Ｆ社からの標識設置工事の受注が入るようになって売上高が増大し、利益率も改善した。

《読み方》

　「従来のＦ社」の「Ｆ社」を□で囲む。「Ａ社の傘下」、「Ａ社に発注」の「Ａ社」をいずれも□で囲む。同様に「以前のＦ社」、「Ａ社は、Ｆ社からの」の「Ａ社」、「Ｆ社」を□で囲む。

　「道路標識の製造と設置工事をワンストップで行える数少ない事業者」は**強み**ととらえられるため**青色でマーク**する。同様に「発注から設置までがスムーズになったと評判」も**強み**として**青色でマーク**。

　「またＡ社は」の**順接接続詞「また」**を○で囲む。「Ａ社」を□で囲む。つづく、「売上高が増大し、利益率も改善」はたびたび登場する「利益率」と関連しているため**重要キーワードとしてマークする（黄色・太塗り）**。

第9段落

　一般に建設・土木業界では、入札できる営業エリアが限られていることが多いため、同一地域で多くの同業者が限られた仕事を分け合うことになる。このため、同業者どうしの競争と同時に、横のつながりも生まれやすい。このことは、収益向上を考える時に、業界再編を後押しする要因になりがちである。Ａ社とＦ社の場合、M&Aはひとまず成功したといってよい。

《読み方》

　「一般に建設・土木業界では」の「建設・土木業界」を□で囲む。この段落全体が建設・土木業界のことを説明しているため、先に読んだ設問文のどれかに「業界」のことが書かれていたな、と想起する（第1問）。

　「収益向上」、「業界再編を後押しする要因」は**重要キーワードとして黄色・太塗りでマーク**する。

　「Ａ社とＦ社の場合」の「Ａ社」、「Ｆ社」を自動的に□で囲む。

　課題もある。そのひとつが、労働生産性の向上である。道路工事は公共事業であるため単年度主義であり、4 月に始まり 3 月に終わるという案件が多い。なかでも、道路の区画線や標識の設置は道路工事の工程において最終段階にあたることから、第 4 四半期（1 〜 3 月）に工事が集中する。この繁忙期に必要な人数の従業員を、年間通じて雇用することは難しいため、A 社でも繁忙期には長時間の残業や休日出勤が発生し、労働生産性を下げている。道路区画線工事と標識設置工事は担当できる技術を持った従業員が分かれているため、同じ繁忙期でも、細かく見れば、区画線工事の担当者は比較的手が空いているのに、標識設置工事の担当者が足りない、あるいはその逆、といった状況が頻繁に起きている。

《読み方》

「課題もある」の「課題」を**緑色でマーク**。課題の内容である「労働生産性の向上」を**緑色でマーク**。

以下、「課題」の説明が続くが、ポイントと思われる「繁忙期に必要な人数の従業員を、年間通じて雇用することは難しい」、「長時間の残業や休日出勤」を**緑色でマーク**。「労働生産性を下げている」には「労働生産性」が再度書かれているため重要であり、**緑色でマーク**する。

「道路区画線工事と標識設置工事は担当できる技術を持った従業員が分かれている」は弱みかもしれず、とりあえず**緑色でマーク**する。

　もうひとつの課題は、従業員の確保と定着率の向上である。2000 年代に入ってから、建設業全体に人手不足と採用難が深刻化している中、就業中の従業員の離職は避けなければならない。現在の A 社グループは定着率が低い状況にはないが、子育てや介護に少なからず苦労している従業員が出始めている。また、M&A 前からの A 社従業員と F 社出身の従業員の間で仕事の評価基準が異なるのではないかとの不安を持っている従業員もいるらしい。

《読み方》

段落の初めが「もうひとつの課題」とあるため、1 つめの課題がどれだったのか、文章構造を確認するため、「もうひとつの課題」を〇で囲む。または、「もうひとつの課題」のそばに「②」などのメモを記載し、同時に前の段落（第 10 段落）の「課題もある。そのひとつが」のそばに「①」などのメモを記載する。

課題の内容「従業員の確保と定着率の向上」を**緑色でマーク**する。

「現在のＡ社グループは定着率が低い状況にはないが」の**逆接「が」を▽で囲む**。その次の文の前の**順接「また」を○で囲む**。「また」の前後に書かれている課題の内容、「子育てや介護に少なからず苦労している従業員」と「Ａ社従業員とＦ社出身の従業員の間で仕事の評価基準が異なるのではないかとの不安」を**緑色でマーク**する。

第 12 段落

Ａ社社長も、60 歳代半ばにさしかかって、自身の事業承継について考えるようになっている。次代を担う経営者はできればグループ内の人材であってほしいが、建設業界の先行きが不透明な中、特に地方の建設業者は難しい経営判断を迫られるため、次の経営者には相応の資質と経験が必要であろうとＡ社社長は考えている。

《読み方》

「Ａ社社長」を□で囲む。「自身の事業承継」は社長の相談事項であり、**赤（ピンク）でマーク**。「グループ内の人材であってほしい」、「次の経営者には相応の資質と経験が必要」も同様に**赤（ピンク）でマーク**する。

以上で、「与件文を読む（1 回目）」が終わりました（約 12 分間）。

9.2.5 与件文を読む（2回目）：整理　〔工程11の演習〕

次に、与件文を読む（2 回目）として次の作業を行います。

①**段落毎の小見出しを左余白に記入する**
②**与件文の全体的な流れを振り返る**
③**段落間のつながりを確認する**
④**与件の構造を整理する**

与件文を読む（2 回目）を通じて、与件文を整理した結果を図示したものが**図表 9-1** です。実際の本試験では時間がないため、この作業は手早く、ラフに行います。

与件文の構造を整理した例

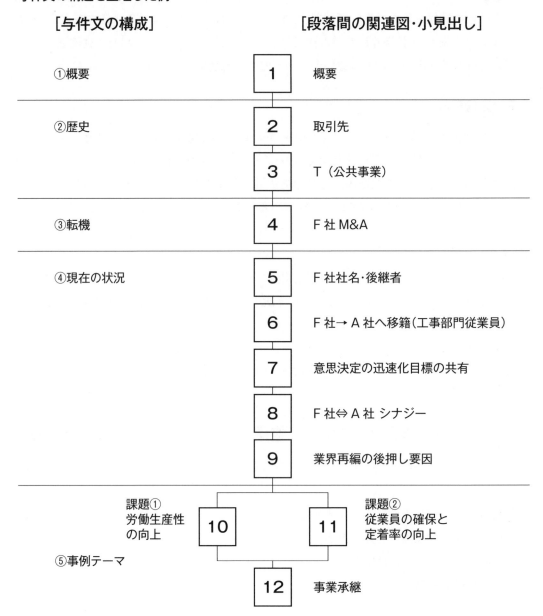

[与件文の構成] [段落間の関連図・小見出し]

①概要 — 1 概要

②歴史 — 2 取引先
— 3 T（公共事業）

③転機 — 4 F社 M&A

④現在の状況 — 5 F社社名・後継者
— 6 F社→A社へ移籍（工事部門従業員）
— 7 意思決定の迅速化目標の共有
— 8 F社⇔A社 シナジー
— 9 業界再編の後押し要因

課題①
労働生産性
の向上
10

課題②
従業員の確保と
定着率の向上
11

⑤事例テーマ

12 事業承継

以上、工程07から工程11まで、「読む」工程を行いました。受験勉強としては、この作業を過去数年分の本試験問題について行うことがいい訓練になります。

9.3 「考える」工程（マクロ）の演習

「読む」工程に続いて、「考える（マクロ）」の工程を実行します。

9.3.1 環境分析 　　　　　　　　　　　　　　　　　 工程12の演習

すでに「読む」工程が終わり与件文は「加工」されている。与件文を見直して SWOT 分析の要素を抽出する。本事例の与件文からは以下が抽出できる。

外部環境	内部環境
機会（O） ・再編による収益向上の可能性（第9段落）	**強み（S）** ・標識製造から設置までのワンストップサービスであり、発注から設置までがスムーズ（第8段落） ・A 社には F 社からの標識設置工事の受注が入る（第8段落）
脅威（T） ・公共工事の減少（第3、4段落） ・人手不足と採用難（第11段落）	**弱み（W）** ・人件費などの固定費が増大（第6段落） ・季節繁閑差による労働生産性の低下（第10段落） ・子育てや介護で苦労している従業員（第11段落） ・出身企業により評価基準が異なる不安（第11段落）

9.3.2 経営戦略 　　　　　　　　　　　　　　　　　 工程13の演習

事業ドメインの定義「誰に・何を・どのように」を意識し、この企業はどこへ進みたいのかを考える。

▶ 誰に

まず、事業ドメイン「誰に」を考える。関連する与件文として、以下に着目できるであろう。

与件段落	与件文
第2段落	A 社が事業を行っている道路工事業界は、公共工事が業務の主力であり、A 社も売上のほぼ100％が県や国土交通省、または NEXCO から発注される事業である。
第8段落	一般に建設・土木業界では、入札できる営業エリアが限られていることが多いため、同一地域で多くの同業者が限られた仕事を分け合うことになる。

第2段落にあるように、A 社のような地方の中小建設業者は公共工事にほぼ100％依存している。これは顕著な業種特性である。新規顧客の開拓は現実的でないため、事業ドメイン「誰に」は「公共工事の発注者」（国土交通省または NEXCO）となる。

▶ 何を

次に、事業ドメインの「何を」を考える。関連する与件文として、以下に着目できるであろう。

与件段落	与件文
第1段落	A社は、道路の区画線や標識設置工事などを行う企業である。
第2段落	A社は、1960年代に創業し、高度成長期の道路工事需要の高まりを背景に、道路の区画線工事の専門業者として右肩上がりの成長を遂げてきた。
第3段落	道路工事を含めた公共工事需要は1980年代から減少傾向に転じ（中略）中長期的にはゆるやかな減少傾向が続いており、今後も需要の増加が見込めない状況にある。
第4段落	A社では、2000年頃から売上の減少が顕著になり、なんらかの新規事業へ進出することが課題となっていた。
第8段落	顧客から見れば、道路標識の製造と設置工事をワンストップで行える数少ない事業者であることには変わりがなく、体制が脆弱であった以前のF社に比べて、むしろ発注から設置までがスムーズになったと評判になっている。またA社は、F社からの標識設置工事の受注が入るようになって売上高が増大し、利益率も改善した。

　すでに 工程11 **与件文を読む（2回目）：整理**で行なった作業により、与件文は構造化されている。**図表9-1**に示す通り、もともと「道路の区画線工事」を提供してきた（第2段落）A社に「転機」が訪れた様子が第3段落に描写されている。

　A社の事業ドメイン「何を」は、過去には「道路の区画線工事」であった（第2段落）が、現在（と未来）は「道路の区画線や標識設置工事など」（第1段落）であることがわかる。

　なお、与件文「...標識設置工事など」の「など」がやや気になるが、深追いしなくてよい。この、工程13 にかけられる時間は1分間程度しかないためである。

[ヒント]

　過去の多くの本試験問題で、事例企業の経営戦略は、以下のように時系列の変遷を遂げるストーリーに従って描かれています。

事例企業における戦略の変遷の例 （図表9-2）

時系列	戦略の変遷
① 過去	過去にうまくいっていた戦略
② 転機	過去の戦略が機能しなくなった、実行しづらくなった様子
③ 現在	転機への対応（戦略の変更）
④ 未来	今後のあるべき姿と成長戦略
⑤ 課題	成長戦略の実行のための課題。戦略を実行する上で妨げとなっている問題点の解決。

　図表9-2 は典型的な類型を示したものであり、必ずしも全ての事例問題についてこの通りきれいに過去・現在・未来の戦略に分類できる設定になっているわけではありません。個々の事例問題に取り組むにあたっては、臨機応変に把握することが必要です。本事例のA社においては、未来の戦略（成長戦略）は明確でなく、現在の戦略を着実に実行していく方向性が見てとれます。

▶ どのように

　最後に、事業ドメインの「どのように」についてだが、通常、この部分には事例企業の「強み」を代入しておけばよく、今回もそれに従う。

　本事例においては、すでに （工程12） 環境分析で行ったとおり、強みとして「標識製造から設置までのワンストップサービスであり、発注から設置までがスムーズであること」、および「A社は、F社からの標識設置工事の受注が入ること」が与件文から抽出されているが、この内容を、もう1段階抽象化して考えたい。強みの本質は何か、強みの源泉は何かを把握することが、2次試験の出題の趣旨にある「分析力」であると考えられるからである。

　本模擬問題において、事例企業の強みを総合的に抽象化するならば「A社とF社がグループとしてシナジーを発揮していること」となるであろう。A社とF社がM&Aによって利益率を改善させたという全体ストーリーに合致しているからである。

　以上の考察から、本事例におけるA社の経営戦略を以下のようにまとめる。

①誰に：公共工事の発注者に

②何を：道路の区画線や標識設置工事などを

③どのように：A社のグループ内シナジーを生かして提供する

[アンゾフの成長マトリクス]

　以上の考察をアンゾフの成長戦略の観点で検証してみる。すでに「誰に」の考察で見たようにA社の場合、新規顧客を開拓することは現実的でないため、**図表9-3**のアンゾフのマトリクスの4つの戦略のうち、選択可能なものは既存市場（既存顧客）を対象とする2つの戦略である。すなわち、市場浸透戦略、新製品開発戦略の2つである。

アンゾフのマトリクス　　　　　　　　　　　　　　　　　　　　　　　（図表9-3）

　本事例においては、下記のとおり整理できる。

戦略	内容
①市場浸透戦略	公共工事市場の縮小による道路区画線工事事業の不振で、戦略が実行できない。
②新市場開拓戦略	業種の特性として新市場開拓（新規顧客開拓）は難しい。
③新製品開発戦略	既存の市場（道路工事）に対して、新しい製品（サービス）である道路標識設置サービスを投入する。M&Aによって実現。
④多角化戦略	新製品を開発し、新しい市場に進出するハイリスク・ハイリターンの戦略。本事例では新市場開拓は難しい。

　市場の縮小による市場浸透戦略の不調を転機として実行したM&Aによる新製品開発戦略が成功した事例と捉えることができる。

　以上、**経営戦略**（工程13）について演習しました。思考のプロセスを文章にするとこのように長い説明になりますが、**本試験では1分間程度で行う**工程です。また、ここで考えたA社の経営戦略は直接解答用紙に記入するものでもなく、誰に見せるものでもありません。[11]したがって、時間をかけすぎないこと、こだわりすぎないことが重要です。事例

---

11. 近年の本試験で経営戦略の名称が問われたことはある（例：「新製品開発戦略」、「金のなる木」など）が、事業ドメイン「誰に・何を・どのように」の記述が求められた例はない。

問題を事業ドメイン、時系列、アンゾフマトリクスの視点で多角的に「考え」、**事例テーマを俯瞰で眺めるための立脚点**を、いわば瞬時に確保するのがこの工程だと考えてください。

9.3.3 経営戦略を実現するための機能別戦略　〔工程14の演習〕

演習を続けましょう。次に、経営戦略を実現するための機能別戦略を考えます。第1部で述べたとおり、この 〔工程14〕 と、次の 〔工程15〕 とは、行ったり来たりしながら考えることになります。

▶ 与件文から設問へのリンクを確認する

この工程の作業は、与件文で発見した**弱みや事例テーマ（社長の相談事）**の解決になりそうな設問の番号を与件文の余白にメモする作業である。実際にメモした例は以下のようになる。

本事例における与件文から設問へのリンク

1　A社は、道路の区画線や標識設置工事などを行う企業である。資本金は5,000万円、売上高は10億円、従業員は80名である。A社の100％子会社であるF社とあわせ、グループ全体で110名の従業員を擁しており、A社が事業を行っている地方の同業者の中では比較的大きな企業である。8年前にF社を買収した直後は<u>利益率が悪化</u>した時期もあったが、現在は利益率も改善している。　**Q2**

2　A社は、1960年代に創業し、高度成長期の道路工事需要の高まりを背景に、道路の区画線工事の専門業者として右肩上がりの成長を遂げてきた。A社が事業を行っている道路工事業界は、公共工事が業務の主力であり、A社も売上のほぼ100％が県や国土交通省、またはNEXCOから発注される事業である。

3　建設業は全般に公共事業の動向に業績を大きく左右されるが、中でも道路工事業は特にその傾向が強いといえる。道路工事を含めた公共工事需要は1980年代から減少傾向に転じ、東日本大震災の復興需要やわが国全体のインフラメンテナンス需要で下支えされてはいるものの、中長期的にはゆるやかな減少傾向が続いており、今後も需要の増加が見込めない状況にある。

4　A社では、2000年頃から売上の減少が顕著になり、なんらかの新規事業へ進出することが課題となっていた。しかし、新事業分野は既存の工事事業と親和性の高い分野でなければ経済性が発揮できないため、進出すべき分野については慎重な模索が続いていた。そのような

中、道路標識の製造事業者で、A社社長の知り合いでもあったF社のオーナー経営者から、後継者不在を理由とした経営譲渡の相談があった。F社は、業歴が古く、地元の業界では名の知れた、発注元から信頼されている企業である。A社は当時、道路の区画線工事に関連して道路標識の設置工事も行っていたが、道路標識は他社から仕入れていた。F社とは道路標識関連の事業で親和性があり、買収によって規模の経済性を発揮できる可能性があると判断したA社社長は、最終的にM&Aを実施した。

5　A社社長は、M&Aを行うにあたって、F社を吸収合併することはせず、別会社として存続させ、F社の社名を変更していない。また、F社の社長には、長年F社で働いていた50歳代の人材を後継者として任命しF社の経営を任せている。当初の話では後継者不在とのことだったF社だが、A社社長が目をつけた人材に新社長として就任するよう説得し、手続き面、財務面に至るまでの支援をA社が全面的に担うことで、F社生え抜きの人材が社長を務める体制が整った。

6　M&Aを行った当時、F社は道路標識の製造だけでなく設置工事も行っていた。しかし、全体として業績は芳しくなかった。A社社長は、F社の工事部門の従業員をA社に移籍させて工事部門の所属とした。移籍にあたっては、給与水準を高めに設定したこともあって人件費などの固定費が増大したのはもちろんのこと、相応の社内環境整備や最低限の入社研修などの一時費用も発生したが、M&Aにともなう一人の離職者も出さず、雇用を守ることができた。

Q2(?)
Q3-1(?)

7　F社においては、残された製造部門に経営資源を集中することにより、意思決定が迅速化した。F社の従業員も、M&Aを機に、あらためてF社に対する帰属意識や社内の一体感を感じるようになり、業績を改善させるという、F社の新社長が掲げる目標を共有している。

8　従来のF社は、標識の設置工事も自社で行っていたが、A社の傘下に入ってから、工事についてはA社に発注すればよいことになった。顧客から見れば、道路標識の製造と設置工事をワンストップで行える数少ない事業者であることには変わりがなく、体制が脆弱であった以前のF社に比べて、むしろ発注から設置までがスムーズになったと評判になっている。またA社は、F社からの標識設置工事の受注が入るようになって売上高が増大し、利益率も改善した。

9　一般に建設・土木業界では、入札できる営業エリアが限られていることが多いため、同一地域で多くの同業者が限られた仕事を分け合うことになる。このため、同業者どうしの競争と同時に、横のつながりも生まれやすい。このことは、収益向上を考える時に、業界再編を後押しする要因になりがちである。A社とF社の場合、M&Aはひとまず成功したといってよい。

10 　課題もある。そのひとつが、労働生産性の向上である。道路工事は公共事業であるため単年度主義であり、4月に始まり3月に終わるという案件が多い。なかでも、道路の区画線や標識の設置は道路工事の工程において最終段階にあたることから、第4四半期（1～3月）に工事が集中する。この繁忙期に必要な人数の従業員を、年間通じて雇用することは難しいため、A社でも繁忙期には長時間の残業や休日出勤が発生し、労働生産性を下げている。道路区画線工事と標識設置工事は担当できる技術を持った従業員が分かれているため、同じ繁忙期でも、細かく見れば、区画線工事の担当者は比較的手が空いているのに、標識設置工事の担当者が足りない、あるいはその逆、といった状況が頻繁に起きている。

Q4
Q4

11 　もうひとつの課題は、従業員の確保と定着率の向上である。2000年代に入ってから、建設業全体に人手不足と採用難が深刻化している中、就業中の従業員の離職は避けなければならない。現在のA社グループは定着率が低い状況にはないが、子育てや介護に少なからず苦労している従業員が出始めている。また、M&A前からのA社従業員とF社出身の従業員の間で仕事の評価基準が異なるのではないかとの不安を持っている従業員もいるらしい。

12 　A社社長も、60歳代半ばにさしかかって、自身の事業承継について考えるようになっている。次代を担う経営者はできればグループ内の人材であってほしいが、建設業界の先行きが不透明な中、特に地方の建設業者は難しい経営判断を迫られるため、次の経営者には相応の資質と経験が必要であろうとA社社長は考えている。

Q3-1(?)

（ 工程14 ここまで）

　第1部で説明したとおり、この 工程14 の作業は**「与件から事例」を攻略する作業**であって、逆の「設問から与件へ」のリンクを張る作業ではありません（ 工程18 との違い）。

　この工程でメモした設問番号が正しいかどうかは、この時点ではまだわかりません。 工程09 でざっと読んでおいた設問文の情報を手掛かりに「この与件情報はこの設問で解決するのかもしれない」という程度のメモで構いません。作業の目的は、弱みの放置や相談事の解決モレを防止することです。

9.3.4 設問間の関係を確認する

工程15の演習

▶ 題意と制約条件

　この工程は、**設問間の関係を確認**するために、**設問の戦略レベルを決定**していく工程です。そのための重要な技術として、**題意と制約条件**を明確に意識する必要があります。ここは、本書の核心部分です。第1問から順番に演習していきましょう。

第1問 (配点20点)

A社がM&Aを実施するに至った背景には、道路工事業界の、どのような特徴があると考えられるか。100字以内で述べよ。

【題意】

題意は「特徴」である。したがって、解答文は「特徴は、」で始まることになる。もちろん「道路工事業界の特徴」でも正しい。

【制約条件】

制約条件は、「M&Aを実施するに至った背景」である。

【設問の戦略レベル】

題意「業界の特徴」からみて、戦略レベルは**外部環境分析**であると考えられる。

第2問 (配点20点)

F社を買収した直後、A社の利益率は、F社を買収する前よりも悪化したが、その後、改善した。A社の利益率の悪化と改善の要因を120字以内で説明せよ。

【題意】

題意は「利益率の悪化と改善の要因」、したがって、解答の文章構造は「悪化の要因は~である。改善の要因は~である。」となることが決定できる。

【制約条件】

制約条件は、設問文の第1文「F社を買収した直後、A社の利益率は、F社を買収する前よりも悪化したが、その後、改善した」の全体である。第1文が存在していること自体が、「与件情報のこの部分に着目してほしい」という、出題者の指示である(制約条件のタイプ①与件内容の要約部分)。

【設問の戦略レベル】

業績の「要因」を問うているので、環境分析レベルの問題であることは想像がつくが、題意「利益率の悪化と改善の要因」のみからは、内部環境なのか外部環境なのか、あるいはその両面なのかは直ちには決定できない。しかし、第1文の制約条件があることから、また、第1問が外部環境の問題であった(と考えられる)ことから、**内部環境分析**レベルの問題であることが推察できる。

第3問（配点40点）

　A社社長は、F社を別会社として存続させることを選択した。その<u>理由</u>として、F社の知名度や顧客基盤をA社グループで活用できること以外に、どのようなことが考えられるか。<u>以下の設問に沿って</u>答えよ。

（設問 1）

　F社が別会社であることは、<u>組織構造の面で</u>、A社グループにどのような<u>メリット</u>を与えているか、80字以内で説明せよ。

【題意】

　題意は「メリット」である。長くいうなら「F社が別会社であることの、A社グループとってのメリット」である。解答の文章構造は「メリットは〜」と決定できる。

　第3問は、**リード文が存在するタイプの設問**である。さらに、本問では、珍しいことにリード文自体が題意を持っている。リード文の題意は「理由」であり、理由を答えるにあたっては、（設問1）と（設問2）に従って答えてほしい、という要求になっている。

【制約条件】

　リード文の全体が制約条件であり、それは、次の（設問2）にも共通してかかっている制約であることを意識する。

　具体的には「A社社長は、F社を別会社として存続させることを選択した、その理由として」であり、上述したようにこの理由を考えることが第3問全体のテーマであるというヒントである。

　さらに、「F社の知名度や顧客基盤をA社グループで活用できること**以外に**」とあり、**極めて強い制約条件**である。この制約条件を無視して、「F社の知名度や顧客基盤をA社グループで活用できること」に類することを解答してもほぼ得点できない。繰り返すが、**制約条件はとりもなおさず採点基準**である。

　上記を踏まえて、（設問1）の制約条件を確認すると「組織構造の面で」という明確な制約条件が目に付く（制約条件のタイプ②解答内容の制約部分）。「組織構造」という、**1次試験知識の言葉**が使われているため、正しく対応する知識を使って解答する必要があることに注意する。

【設問の戦略レベル】

　制約条件「組織構造の面で」から、組織戦略レベルの、さらに**組織構造レベル**の設問である。本問のように、設問文に1次試験知識のワードが含まれている場合は、設問の戦略レベルがほぼ確定できるため、他の設問との関係を考察するときに確実性の高い立脚点になる。

第3問（設問2）

A社社長は、買収後も^①F社の社名を変更せず、^②F社の社長にはF社出身の人材を据えて経営を任せている。その 理由 として、どのようなことが考えられるか。100字以内で答えよ。

【題意】

題意は「理由」である。したがって、解答の文章構造は「理由は、〜」となる。（設問2）の「理由」に答えることで、結果的に、上述した第3問のリード文の題意「理由」に答えることにもなる、という設問構造になっている。

【制約条件】

制約条件は、設問文の第1文「A社社長は、買収後もF社の社名を変更せず、F社の社長にはF社出身の人材を据えて経営を任せている」の全体である。この時点で、後ほど検討する解答の切り口の候補が設問文に存在していることに気づかなければならない。すなわち、①社名と②F社出身の社長、という2つの論点である。設問文の切り口は最優先に採用すべきである（ただし、「優先」であって「絶対」ではない）。

【設問の戦略レベル】

設問文のみからは戦略レベルが不明である。しかし、上記の制約条件から想起される知識を候補として並べることはできるだろう。

具体的には、買収時に、①被買収企業の社名を変更せず、②社長を被買収企業出身者にする理由として、(a) 社名を変更すると知名度が低下する、(b) 社外の経営者になると既存顧客の離反を招く、などが考えられる。しかし、ここでリード文の制約条件「F社の知名度や顧客基盤をA社グループで活用できること以外に」が効いてくる。この制約があるために上記 (a)、(b) は排除される。

そこで、振り出しに戻って、戦略レベルを設問間の関係から考える。現時点で、第1問が外部環境分析、第2問が内部環境分析の問題だと仮定している。また、第3問（設問1）が組織構造レベルであることがほぼ確実である。第4問は未検討だが、後ほど見るように人事戦略レベルのようである。そこで、あくまで可能性としてではあるが、消去法で、第3問（設問2）は「組織文化レベル」の設問ではないかという仮説が成り立つ。そういう視点であらためて見てみると、①社名、②生え抜きの社長、というテーマは組織文化の論点と親和性があるようにも思える。

とはいえ、**これ以上は与件文を再度確認**しないかぎりわからない。この時点ではここまででよい。

第4問

　A社は、①労働生産性の向上と②従業員の定着率向上のために、どのような[施策]をとるべきか、120字以内で提案せよ。

【題意】

　題意は「とるべき施策」である。第1問〜第3問が診断問題（分析問題）であったのに対して、本問は助言問題（提案問題）であるため、解答文の主語にはバリエーションが考えられる（第1部参照）。例えば「施策は、〜」となることが考えられる。

【制約条件】

　制約条件は、「労働生産性の向上と従業員の定着率向上のために」である。第3問（設問2）と同様、解答の切り口候補が設問文に存在していることに注意する。すなわち、①労働生産性と②定着率の2つが切り口候補である。

【設問の戦略レベル】

　「従業員の定着率」という言葉から人事戦略レベルであることが推定される。労働力の確保、採用、育成、定着、などの一連の論点は全て人事戦略、または人事システムの諸論点のレベルであることが、1次試験知識や中小企業白書等からいえるからである。

　また、「労働生産性」も人事戦略レベルの設問であることを推定させる言葉である。一般論として単に「生産性」というだけであれば、別の戦略レベルも考えられる（生産性の基本的な定義は産出÷投入である）。しかし、「労働生産性」であれば労働時間の要素が大きいため人事戦略レベルではないかと考えられる。

▶ 本事例の設問間の関係

　以上の考察より、本事例の設問間の関係を図示したものが**図表9-4**である。

本事例の設問間の関係（工程15終了時点の仮説）　　　　　　　　　　（図表9-4）

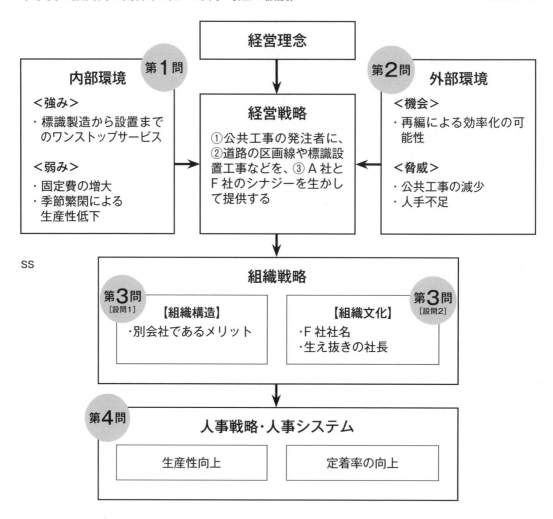

図表9-4 は AAS で提供している事例Ⅰ～Ⅳの標準的な戦略フレームワークのうち、事例Ⅰのものを単純化した図を下敷きにしている。

以上で （工程15） が終了しました。この工程の目的は、各設問の位置づけを見極めることであり、出題者の意図を考える助けにすることです。

9.4 「考える（ミクロ）」工程の演習

　模擬問題を「考える（マクロ）」工程に続いて、「考える（ミクロ）」の工程を実行します。解答文、つまりアウトプットを処理する工程です。

9.4.1 文章構成を決める　　　　　　　　　　　　　　`工程16の演習`

　本事例では5個の設問があり、いずれも80字～120字の記述問題であるため、第1部（5.3.1）で述べた解答骨子マトリックスの考え方が活用できます。解答骨子マトリックスとは以下のようなものでした。

解答骨子マトリックス　　　　　　　　　　　　　　　　　　　　　　　　　（図表9-5）

切り口	論点	
	因	果
①		
②		

　以下、解答骨子マトリックスの4つのマス目を埋めていくことになります。

9.4.2 主語・述語を決める　　　　　　　　　　　　`工程17の演習`

　主語については、9.3.4「`工程15の演習` 設問間の関係を確認する」の「題意と制約条件」の工程で同時に確認してしまいましたので、ここでは結果だけをまとめておきます。

設問	主語
第1問	特徴
第2問	「悪化の要因」と「改善の要因」の2つ
第3問(設問1)	メリット
第3問(設問2)	理由
第4問	「施策」、または「A社」など

　述語については、実際に問題に取り組むにあたっては「書く」工程で調整することで結構です。

9.4.3 与件文とのリンクを張る

設問から与件文への「リンクを張って」いきます。個々の設問に関係があると思われる与件箇所を特定していく作業です。

以下、第1問から実行していきます。

第1問

A社がM&Aを実施するに至った背景には、道路工事業界の、どのような特徴があると考えられるか。100字以内で述べよ。

設問の制約条件「道路工事業界の」に該当する可能性のある情報を与件文から検索すると以下が見つかる。

	段落	要旨
①	2	道路工事業界は、公共工事が業務の主力
②	3	公共工事需要は中長期的には減少傾向、今後も需要の増加が見込めない
③	9	入札できる営業エリアが限られている（中略）同一地域で多くの同業者が限られた仕事を分け合う（中略）同業者どうしの競争と同時に、横のつながりも生まれやすい（中略）収益向上を考える時に、業界再編を後押しする要因
④	10	季節繁閑差
⑤	11	建設業全体に人手不足

このうち、設問の制約条件「M&Aを実施するに至った背景」に合致するものを選択すると、①、②、③が残る。

第2問

F社を買収した直後、A社の利益率は、F社を買収する前よりも悪化したが、その後、改善した。A社の利益率の悪化と改善の要因を120字以内で説明せよ。

設問で問われている「利益率の悪化と改善」に対応する与件情報を検索すると以下が見つかる。

	段落	要旨
①	1	8年前にF社を買収した直後は利益率が悪化した時期もあったが、現在は利益率も改善している
②	6	人件費などの固定費が増大したのはもちろんのこと、相応の社内環境整備や最低限の入社研修などの一時費用も発生した
③	8	またA社は、F社からの標識設置工事の受注が入るようになって売上高が増大し、利益率も改善した
④	4	新事業分野は既存の工事事業と親和性の高い分野でなければ経済性が発揮できない（中略）F社とは道路標識関連の事業で親和性があり、買収によって規模の経済性を発揮できる

　上記の①から③までは難しくない。ポイントは④をリンクできるかどうかである。設問のテーマ「買収による利益率の悪化と改善」から「経済性」の語へリンクさせることができるかどうかが一つのポイントである。[12]しかし、仮にこの 工程18 の時点で気づかなかったリンクがあるとしても、後の 工程20 「切り口毎の論点を決める」で挽回することは可能であるため、先へ進む。

第3問

　A社社長は、F社を別会社として存続させることを選択した。その理由として、F社の知名度や顧客基盤をA社グループで活用できること以外に、どのようなことが考えられるか。以下の設問に沿って答えよ。

（設問1）

　F社が別会社であることは、組織構造の面で、A社グループにどのようなメリットを与えているか、80字以内で説明せよ。

　（設問1）の制約条件には「A社グループに」とあるのでF社だけでない論点だと推測できる。また、第3問のリード文に制約条件「F社の知名度や顧客基盤をA社グループで活用できること以外に」とあり、（設問1）にも「組織構造の面で」という制約条件があるため、ここでは組織構造面に限って解答すればよいと判断できる。問われている「別会社であること」は、一次試験知識（組織構造の知識）に照らすと、事業部制組織に近い。そこで、事業部制組織の持つメリットの知識[13]を手がかりに与件文を探すと、以下が見つかる。

---

12. このリンクに気づくためには、「固定費型のビジネスは損益分岐点を超えさえすれば変動費型のビジネスよりも利益率が高くなる傾向があり、その理由は規模の経済性が働くからである」という1次試験知識を持っている必要がある。本書で詳細な解説は行わないが、一般に、設問と与件のリンクを設定するには適切な知識が必要である。
13. 機能別組織、事業部制組織、マトリックス組織やプロジェクトチーム組織などの代表的な組織構造の長所、短所の知識が必要である。詳細は知識の解説書等を参照されたい。

	段落	要旨
①	7	F社においては、残された製造部門に経営資源を集中することにより、意思決定が迅速化した
②	5	A社社長が目をつけた人材に新社長として就任するよう説得
③	12	次代を担う経営者はできればグループ内の人材であってほしい

第3問（設問2）

A社社長は、買収後もF社の社名を変更せず、F社の社長にはF社出身の人材を据えて経営を任せている。その理由として、どのようなことが考えられるか。100字以内で答えよ。

すでに（工程15）で本問の戦略レベルは組織文化レベルであると推測済みであるため組織文化に関連しそうなものを探すと、以下の②が見つかる。そのほか、設問文から①にもリンクが張れるだろう。

	段落	要旨
①	5	A社社長は、（中略）F社の社名を変更していない。また、F社の社長には、長年F社で働いていた50歳代の人材を後継者として任命しF社の経営を任せている
②	7	F社の従業員も、M&Aを機に、あらためてF社に対する帰属意識や社内の一体感を意識するようになり、業績を改善させるという、F社の新社長が掲げる目標を共有している

第4問

A社は、労働生産性の向上と従業員の定着率向上のために、どのような施策をとるべきか、120字以内で提案せよ。

すでに（工程15）で本問の戦略レベルは人事戦略レベルであると推測済みであるため与件文から人事面の情報を探すと、以下が見つかる。

	段落	要旨
①	10	課題もある。そのひとつが、労働生産性の向上である（中略）長時間の残業や休日出勤が発生し、労働生産性を下げている（中略）同じ繁忙期でも、細かく見れば、区画線工事の担当者は比較的手が空いているのに、標識設置工事の担当者が足りない、あるいはその逆 ...
②	11	もうひとつの課題は、従業員の確保と定着率の向上である（中略）建設業全体に人手不足と採用難が深刻化（中略）子育てや介護に少なからず苦労している従業員が出始めている。また、M&A 前からの A 社従業員と F 社出身の従業員の間で仕事の評価基準が異なるのではないかとの不安を持っている従業員も ...

▶ 問題用紙へ「設問から与件へ」のリンクをメモする

　以上、全設問について与件文へのリンクを確認しました。問題用紙へは以下のとおりリンクする設問の番号を書き込んでいきます。

　このとき、(工程14) で問題用紙に記入した「与件から設問へ」のリンクを示す設問番号のメモがある状態で、今回の (工程18) で決定した「設問から与件へ」のリンクを示す設問番号のメモを書き加えることになります。

工程14のメモに工程18のメモを書き加える

工程 14 のメモ	「与件から設問へ」のリンクを示す設問番号
工程 18 のメモ	「設問から与件へ」のリンクを示す設問番号

　この2つの関係のあり方には以下の3パターンがあり得ます。

【パターン1】

　(工程18) であらたに与件箇所が特定された場合です。

【パターン2】

　(工程14) のメモの与件箇所と (工程18) のメモの与件箇所が一致し、かつ設問番号も一致している場合です。この場合は、(工程14) のメモを生かしておきます（(工程18) の完了を意味する意味でマークを追加するなどしてもよいでしょう）。

【パターン3】

　(工程14) のメモの与件箇所と (工程18) のメモの与件箇所が一致し、かつ、(工程14) でメモした設問番号と (工程18) で決定した設問番号が異なる場合です。この場合は、(工程18) のメモを優先して記載します（上書きするイメージ）。(工程14) のメモの目的は、事例企業の弱みや社長の相談事を忘れないように、どの設問で回収するのかを予測しておくためのものでした。しかし、(工程15) から (工程18) までの作業を通じて、設問の題意と制約条件、

設問間の関係を検討した結果のメモ（工程18のメモ）の場所が工程14のメモの場所と一致したならば、たとえ、設問番号が異なっていたとしても、工程14のメモは「弱みや社長の相談事を放置しない」という役割を終えたといえるからです。

以上の３パターンのメモを問題用紙に記載したイメージを以下に示します。【パターン2】には設問番号に「*」をつけています。また、【パターン3】では、工程14のメモを斜線で消し、工程18のメモで上書きしています。

本事例における設問から与件文へのリンク

1　　A社は、道路の区画線や標識設置工事などを行う企業である。資本金は5,000万円、売上高は10億円、従業員は80名である。A社の100％子会社であるF社とあわせ、グループ全体で110名の従業員を擁しており、A社が事業を行っている地方の同業者の中では比較的大きな企業である。8年前にF社を買収した直後は利益率が悪化した時期もあったが、現在は利益率も改善している。　　**Q2***

2　　A社は、1960年代に創業し、高度成長期の道路工事需要の高まりを背景に、道路の区画線工事の専門業者として右肩上がりの成長を遂げてきた。A社が事業を行っている道路工事業界は、公共工事が業務の主力であり、A社も売上のほぼ100％が県や国土交通省、またはNEXCOから発注される事業である。　　**Q1**

3　　建設業は全般に公共事業の動向に業績を大きく左右されるが、中でも道路工事業は特にその傾向が強いといえる。道路工事を含めた公共工事需要は1980年代から減少傾向に転じ、東日本大震災の復興需要やわが国全体のインフラメンテナンス需要で下支えされてはいるものの、中長期的にはゆるやかな減少傾向が続いており、今後も需要の増加が見込めない状況にある。　　**Q1**

4　　A社では、2000年頃から売上の減少が顕著になり、なんらかの新規事業へ進出することが課題となっていた。しかし、新事業分野は既存の工事事業と親和性の高い分野でなければ経済性が発揮できないため、進出すべき分野については慎重な模索が続いていた。そのような中、道路標識の製造事業者で、A社社長の知り合いでもあったF社のオーナー経営者から、後継者不在を理由とした経営譲渡の相談があった。F社は、業歴が古く、地元の業界では名の知れた、発注元から信頼されている企業である。A社は当時、道路の区画線工事に関連して道路標識の設置工事も行っていたが、道路標識は他社から仕入れていた。F社とは道路標識関連の事業で親和性があり、買収によって規模の経済性を発揮できる可能性があると判断したA社社長は、最終的にM&Aを実施した。　　**Q2**

5　　A社社長は、M&Aを行うにあたって、F社を吸収合併することはせず、別会社として存続させ、F社の社名を変更していない。また、F社の社長には、長年F社で働いていた50歳代の人材を後継者として任命しF社の経営を任せている。当初の話では後継者不在とのことだったF社だが、A社社長が目をつけた人材に新社長として就任するよう説得し、手続き面、財務面に至るまでの支援をA社が全面的に担うことで、F社生え抜きの人材が社長を務める体制が整った。

Q3-2

Q3-1

6　　M&Aを行った当時、F社は道路標識の製造だけでなく設置工事も行っていた。しかし、全体として業績は芳しくなかった。A社社長は、F社の工事部門の従業員をA社に移籍させて工事部門の所属とした。移籍にあたっては、給与水準を高めに設定したこともあって人件費などの固定費が増大したのはもちろんのこと、相応の社内環境整備や最低限の入社研修などの一時費用も発生したが、M&Aにともなう一人の離職者も出さず、雇用を守ることができた。

Q2
~~**Q3-1(?)**~~

7　　F社においては、残された製造部門に経営資源を集中することにより、意思決定が迅速化した。F社の従業員も、M&Aを機に、あらためてF社に対する帰属意識や社内の一体感を感じるようになり、業績を改善させるという、F社の新社長が掲げる目標を共有している。

Q3-1

Q3-2

8　　従来のF社は、標識の設置工事も自社で行っていたが、A社の傘下に入ってから、工事についてはA社に発注すればよいことになった。顧客から見れば、道路標識の製造と設置工事をワンストップで行える数少ない事業者であることには変わりがなく、体制が脆弱であった以前のF社に比べて、むしろ発注から設置までがスムーズになったと評判になっている。またA社は、F社からの標識設置工事の受注が入るようになって売上高が増大し、利益率も改善した。

Q2

9　　一般に建設・土木業界では、入札できる営業エリアが限られていることが多いため、同一地域で多くの同業者が限られた仕事を分け合うことになる。このため、同業者どうしの競争と同時に、横のつながりも生まれやすい。このことは、収益向上を考える時に、業界再編を後押しする要因になりがちである。A社とF社の場合、M&Aはひとまず成功したといってよい。

Q1

10　　課題もある。そのひとつが、労働生産性の向上である。道路工事は公共事業であるため単年度主義であり、4月に始まり3月に終わるという案件が多い。なかでも、道路の区画線や標識の設置は道路工事の工程において最終段階にあたることから、第4四半期（1～3月）に工事が集中する。この繁忙期に必要な人数の従業員を、年間通じて雇用することは難しいため、A社でも繁忙期には長時間の残業や休日出勤が発生し、労働生産性を下げている。道路区画線工事と標識設置工

Q4*

Q4*

10	事は担当できる技術を持った従業員が分かれているため、同じ繁忙期でも、細かく見れば、<u>区画線工事の担当者は比較的手が空いているのに、標識設置工事の担当者が足りない、あるいはその逆、といった状況が頻繁に起きている。</u>	**Q4***
11	もうひとつの課題は、従業員の確保と定着率の向上である。2000年代に入ってから、建設業全体に人手不足と採用難が深刻化している中、就業中の従業員の離職は避けなければならない。現在のA社グループは定着率が低い状況にはないが、<u>子育てや介護に少なからず苦労している従業員が出始めている。また、M&A前からのA社従業員とF社出身の従業員の間で仕事の評価基準が異なるのではないかとの不安を持っている従業員もいるらしい。</u>	**Q4***
12	A社社長も、60歳代半ばにさしかかって、自身の事業承継について考えるようになっている。<u>次代を担う経営者はできればグループ内の人材であってほしいが、建設業界の先行きが不透明な中、特に地方の建設業者は難しい経営判断を迫られるため、次の経営者には相応の資質と経験が必要であろうとA社社長は考えている。</u>	**Q3-1**

　以上で本事例における （工程18）「与件文とのリンクを張る」が終了です。これで、解答に使う材料の候補が集まった状態です。

9.4.4 解答の切り口を決める　　　　　　　　　　　（工程19の演習）

　次に、解答の切り口を決めていきましょう。切り口の優先順位は以下のとおりだったことを思い出しておいてください。

切り口の優先順位　（図表5-7と同じ）　　　　　　　　　　　　　　　　　　（図表9-6）

高	←	使うべき優先順位	→	低
① 設問の切り口	>	② 与件の切り口	③ 設問間の関係の 切り口　　　>	④ 知識の切り口

　第1問から順に見ていきます。

第1問

　A社がM&Aを実施するに至った背景には、道路工事業界の、どのような特徴があると考えられるか。100字以内で述べよ。

【設問の切り口】

設問文に明確な切り口は見られない。

【与件の切り口】

リンクする与件文は下記のとおりであった。

	段落	要旨
①	2	道路工事業界は、公共工事が業務の主力
②	3	公共工事需要は中長期的には減少傾向、今後も需要の増加が見込めない
③	9	入札できる営業エリアが限られている（中略）同一地域で多くの同業者が限られた仕事を分け合う（中略）同業者どうしの競争と同時に、横のつながりも生まれやすい（中略）収益向上を考える時に、業界再編を後押しする要因

文章構造の上で明確な切り口は見られない。しかし、上記①と②をまとめて、道路工事・公共工事のマクロな市場動向の話、③はもう少しミクロな業界内（同業者との関係等）の話、と分けられそうである。

【設問間の関係の切り口】

初見で設問間の関係の切り口はわからない。すでに 工程15 「設問間の関係を確認する」で見たように、第1問は外部環境分析の問題である。環境分析問題は、タイムマネジメントの上で最後に解答することになる可能性が高いため、保留しておく。他の設問を検討した後に切り口が変わってくるかもしれない。

【知識の切り口】

外部環境分析の代表的な切り口は、SWOT の「機会×脅威」、または 3C の「顧客×競合」である。「与件の切り口」で検討した内容と以下のとおり対応しそうである。

与件	3C	SWOT
公共工事需要の減少傾向	顧客	脅威
同業者との関係、業界再編	競合	機会

第1問の解答骨子マトリックス　論点を詰める前の状態

切り口	論点	
	因	果
①公共工事需要の減少傾向　＝　顧客　＝　脅威		
②同業者との関係、業界再編　＝　競合　＝　機会		

157

第2問

　F社を買収した直後、A社の利益率は、F社を買収する前よりも悪化したが、その後、改善した。A社の利益率の悪化と改善の要因を120字以内で説明せよ。

【設問の切り口】

　設問文に明確な切り口が指定されている。「悪化の要因」と「改善の要因」である。設問の切り口は最優先であるためほぼ決定である。ただし、これだけでは文章構造の切り口にすぎない（論点が不明）。

【与件の切り口】

　リンクする与件文は下記のとおりであった。

	段落	要旨
①	1	8年前にF社を買収した直後は利益率が悪化した時期もあったが、現在は利益率も改善している
②	6	人件費などの固定費が増大したのはもちろんのこと、相応の社内環境整備や最低限の入社研修などの一時費用も発生した
③	8	またA社は、F社からの標識設置工事の受注が入るようになって売上高が増大し、利益率も改善した
④	4	新事業分野は既存の工事事業と親和性の高い分野でなければ経済性が発揮できない（中略）F社とは道路標識関連の事業で親和性があり、買収によって規模の経済性を発揮できる

　文章構造の上で明確な切り口は見られない。しかし、内容的に、②が「利益率の悪化」に、③、④が「利益率の改善」に対応しそうである。

【設問間の関係の切り口】

　引き続き、初見で設問間の関係の切り口はわからない。すでに 工程15 「設問間の関係を確認する」で見たように、第2問は内部環境分析の問題である。第1問同様、環境分析問題は、最後に記入することにして保留する。

【知識の切り口】

　内部環境分析の切り口の知識はいくつか考えられる。「ヒト・モノ・カネ・情報」や「有形資源・無形資源」などがそれである。しかし、本問の場合、ただちに対応しそうな切り口は見当たらないので深追いしないでおく。

第2問の解答骨子マトリックス　論点を詰める前の状態

切り口	論点	
	因	果
①利益率の悪化　＝　人件費など固定費増、入社に伴う一時費用		
②利益率の改善　＝　道路標識で親和性、買収による規模の経済性		

第3問

　A社社長は、F社を別会社として存続させることを選択した。その理由として、F社の知名度や顧客基盤をA社グループで活用できること以外に、どのようなことが考えられるか。以下の設問に沿って答えよ。

（設問 1）

　F社が別会社であることは、組織構造の面で、A社グループにどのようなメリットを与えているか、80字以内で説明せよ。

【設問の切り口】

　設問文に明確な切り口は見られない。

【与件の切り口】

　リンクする与件文は下記のとおりであった。

	段落	要旨
①	7	F社においては、残された製造部門に経営資源を集中することにより、意思決定が迅速化した
②	5	A社社長が目をつけた人材に新社長として就任するよう説得
③	12	次代を担う経営者はできればグループ内の人材であってほしい

　内容的には、①が「意思決定の迅速化」に関すること、②＋③は、おおざっぱに「経営者人材のこと」としてまとめられそうである。

【設問間の関係の切り口】

　本問は（設問2）と合わせて、第3問という大問を構成している。設問間の関係の切り口として、優先的に考慮すべきは（設問2）との関係であるが、すでに 工程15 「設問間の関係を確認する」で見たように、（設問1）は組織構造レベル、（設問2）が組織文化レベルと仮説を立てているため、切り口が連動していることはなさそうである。他設問との

関係の切り口は不明である。

【知識の切り口】

組織構造に関する知識としては、組織の5原則、代表的な組織構造の種類、などがある。すでに 工程15 「設問間の関係を確認する」で検討したとおり、別会社であることを事業部制ととらえて、事業部制組織のメリット、「意思決定が早く柔軟な市場対応が可能」、「マネジメント層の育成が可能」の2つが上述した与件文の切り口と対応しそうだとわかる。

第3問（設問1）の解答骨子マトリックス　論点を詰める前の状態

切り口	論点	
	因	果
①意思決定の迅速化		
②経営者の育成		

第3問（設問2）

A社社長は、買収後もF社の社名を変更せず、F社の社長にはF社出身の人材を据えて経営を任せている。その理由として、どのようなことが考えられるか。100字以内で答えよ。

【設問の切り口】

設問文に切り口が存在している。すなわち、①社名を変更しないこと、および、②F社社長はF社出身、である。設問の切り口は最優先である。

【与件の切り口】

リンクする与件文は下記のとおりであった。

	段落	要旨
①	5	A社社長は、（中略）F社の社名を変更していない。また、F社の社長には、長年F社で働いていた50歳代の人材を後継者として任命しF社の経営を任せている
②	7	F社の従業員も、M&Aを機に、あらためてF社に対する帰属意識や社内の一体感を意識するようになり、業績を改善させるという、F社の新社長が掲げる目標を共有している

文章構造の上で明確な切り口は見られない。内容的には、なぜ、「長年F社で働いていた50歳代の人材」と、わざわざ記載されているのかは気になる。「帰属意識や社内の一体

感」、「目標を共有」は組織文化に関連する言葉であることに注意する。

【設問間の関係の切り口】

はっきりとはわからないが、他設問との関係で切り口が連動している様子はない。

【知識の切り口】

すでに検討したように本問は組織文化レベルの設問である。組織文化に関する一次試験知識としては「バーナードの組織成立の3要件」、すなわち、①共通目的、②コミュニケーション、③貢献意欲の3つが代表的である。[14] これらを上述の【設問の切り口】と対応させ、さらに、与件文のキーワードを配置すると下記のような切り口が仮定できる。

第3問（設問2）の解答骨子マトリックス　論点を詰める前の状態

切り口	論点	
	因	果
①社名を変更しない → 帰属意識や社内の一体感 → 貢献意欲（？）		
②F社社長はF社出身 → コミュニケーション（？） → 業績を改善させるという共通目的（？）		

第4問

　A社は、労働生産性の向上と従業員の定着率向上のために、どのような施策をとるべきか、120字以内で提案せよ。

【設問の切り口】

本問も、設問文に切り口が存在している。すなわち、①労働生産性の向上、および、②従業員の定着率向上、である。設問の切り口は最優先に採用する。

【与件の切り口】

リンクする与件文は下記のとおりであった。

---

14. 1次試験の適切な解説書を参照されたい。

161

	段落	要旨
①	10	課題もある。そのひとつが、労働生産性の向上である（中略）長時間の残業や休日出勤が発生し、労働生産性を下げている（中略）同じ繁忙期でも、細かく見れば、区画線工事の担当者は比較的手が空いているのに、標識設置工事の担当者が足りない、あるいはその逆 ...
②	11	もうひとつの課題は、従業員の確保と定着率の向上である（中略）建設業全体に人手不足と採用難が深刻化（中略）子育てや介護に少なからず苦労している従業員が出始めている。また、M&A前からのA社従業員とF社出身の従業員の間で仕事の評価基準が異なるのではないかとの不安を持っている従業員も ...

第10段落と第11段落が、設問の切り口に一対一で対応している。

【設問間の関係の切り口】

他設問で本問の切り口と連動するものがないかを簡単に検討する。切り口の前半「労働生産性の向上」については、第3問（設問1）の「意思決定の迅速化」と関係があるのではないか。また、第10段落の「年度末が繁忙期になる」という業界の特殊性については第1問の外部環境分析と一貫性はないか。いずれも、直接の関連はなさそうである。

【知識の切り口】

本問は人事戦略レベルの設問であると推測済みである。AASでは、過去問の分析を通して人事戦略問題については「能力向上×モラール向上」の切り口が有効であると考えている。これを設問の切り口および、与件の切り口と対応させると、下記のようになるだろう。特に、定着率の論点は過去問でもモラール向上で解答できる出題が複数されていたことから、下記は妥当な切り口だと考えらえる。

第4問の解答骨子マトリックス　論点を詰める前の状態

切り口	論点	
	因	果
①労働生産性の向上 → 能力向上 → 　繁閑差に対応（どうやって？）		
②定着率向上 → モラール向上 　→ 子育て・介護、出身企業による評価の二重基準		

ここまでで、(工程19) 切り口の設定が終わりました。実際の試験においては、問題用紙の各設問文の下の余白部分などに、簡単にメモをすれば十分です。

9.4.5 切り口毎の論点を決める　　　工程20の演習

　いよいよ、解答骨子をまとめる工程です。工程19で切り口を決めた解答骨子マトリックスの論点を詰めていきます。その際、設問の題意と制約条件を再確認しながら行うようにします。題意と制約条件は工程15で検討済みですが、その後のさまざまな思考プロセスで、ともすれば、せっかく把握した題意と制約条件から外れた結論に陥る場合があります。題意と制約条件からの逸脱は絶対に避けねばなりません。

　また、第1部(図表5-15)で説明した「因果のパターン」も意識しましょう。「知識×知識」の因果パターンにならないように注意します。

第1問

　A社がM&Aを実施するに至った背景には、道路工事業界の、どのような特徴があると考えられるか。100字以内で述べよ。

第1問の解答骨子マトリックス

切り口	論点	
	因	果
①顧客＝脅威	公共工事における道路事業費が減少傾向	中長期的に需要の増加が見込めない
②競合＝機会	同一地域で多くの同業者が限られた仕事を分け合う	収益向上に向けた業界再編の要因

因果のパターン：①与件×与件、②与件×与件

第2問

　F社を買収した直後、A社の利益率は、F社を買収する前よりも悪化したが、その後、改善した。A社の利益率の悪化と改善の要因を120字以内で説明せよ。

第2問の解答骨子マトリックス

切り口	論点	
	因	果
①利益率の悪化	F社の従業員をA社に移籍	人件費など固定費増、入社に伴う一時費用
②利益率の改善	F社からの受注で売上増大	道路標識で親和性、買収による規模の経済性

因果のパターン：①与件×与件、②与件×与件

第3問

　A社社長は、F社を別会社として存続させることを選択した。その理由として、F社の知名度や顧客基盤をA社グループで活用できること以外に、どのようなことが考えられるか。以下の設問に沿って答えよ。

（設問1）

　F社が別会社であることは、組織構造の面で、A社グループにどのようなメリットを与えているか、80字以内で説明せよ。

第3問（設問1）の解答骨子マトリックス

切り口	論点	
	因	果
①意思決定の迅速化	経営資源の集中	意思決定が迅速化
②経営者の育成	F社の経営者を経験	A社の経営者に育成

因果のパターン：①与件×与件、②与件×知識

第3問（設問2）

　A社社長は、買収後もF社の社名を変更せず、F社の社長にはF社出身の人材を据えて経営を任せている。その理由として、どのようなことが考えられるか。100字以内で答えよ。

第3問（設問2）の解答骨子マトリックス

切り口	論点	
	因	果
①社名	社名を変更しない→ 帰属意識や社内の一体感	貢献意欲
②F社社長	F社出身→ 社員とのコミュニケーションが円滑	業績を改善させるという共通目的

因果のパターン：①（与件＋知識）×知識、②（与件＋知識）×知識

第4問

　A社は、労働生産性の向上と従業員の定着率向上のために、どのような施策をとるべきか、120字以内で提案せよ。

第4問の解答骨子マトリックス

切り口	論点	
	因	果
①労働生産性の向上 （能力向上）	多能工化（区画線と標識設置）	繁閑差に対応
②定着率向上 （モラール向上）	①子育て・介護支援、 ②出身企業によらない評価	モラール向上

因果のパターン：①（与件 ＋ 知識）×知識、②与件×知識

以上で、解答骨子がほぼ決まりました。

標準的なタイムマネジメントしては、この時点で試験開始から37分～38分程度が経過していることになります（40分経過したら書き始めるイメージ）。

9.4.6 未使用の段落がないか確認する 工程21の演習

「書く」工程に入る前に、「考える」工程の最終チェックをしましょう。その１つが、工程21「未使用の段落がないか確認する」です。

本事例では 工程18「与件文とのリンクを張る」の結果、未使用のまま「ごっそり」残っている段落や与件箇所は見当たらないようです。

9.4.7 弱みを放置していないか確認する 工程22の演習

工程12 で行った環境分析から抽出された A 社の弱みは以下のとおりでした。

・人件費などの固定費が増大（第6段落）
・季節繁閑差による労働生産性の低下（第10段落）
・子育てや介護で苦労している従業員（第11段落）
・出身企業により評価基準が異なる不安（第11段落）

いずれも、第2問または第4問で回収されているため問題はなさそうです。

9.4.8 各設問の時間配分を決める 工程23の演習

この工程は、ほんの30秒から1分ぐらいの工程です。たとえば、下記のような検討を行います。

- 第1問と第2問は環境分析の問題であるため、他の設問との一貫性を考慮して論点を変更したくなるかもしれず、最後に記入するようにしよう。
- 第4問は人事戦略の問題であり、リンク先の与件文が明確なので確実に得点したい。先に記入しておこう。
- 第3問（設問1）（設問2）は知識の論点が多いため、やや確信が持てない。中盤に時間をかけて記入しよう。

　上記は、あくまで例です。問題練習などを通じて自分に合った時間配分のパターンを試して習得してください。

　以上で「考える」工程が終了です。理想的には「あとは、書くだけ！」の状態です。

9.5　「書く」工程の演習

9.5.1　書く

工程24の演習

　続いて、 工程24 の「書く」工程を実行します。①設問文と②解答骨子マトリックス、③リンクする与件文の3つを確認しながら解答用紙に記入していきます。下書きはせず、直接マス目を埋めていきます。

　その際には、第1部で説明した合格答案の公式を意識するようにします。

合格答案の公式（図表6-2と同じ）　　　　　　　　　　　　　　　　（図表9-7）

| 合格答案 | = | 表現力
①主語＋述語
②短文
③因果 | × | 構成力
①論理パターン
②文章量均等
③MECE（切り口） | × | 与件活用力
①キーワード
②要約
③因果 |

表現力・構成力　→　伝わりやすさ

与件活用力　→　納得感

第1問（配点20点）

　A社がM&Aを実施するに至った背景には、道路工事業界の、どのような特徴があると考えられるか。100字以内で述べよ。

第1問の解答骨子マトリックス

切り口	論点	
	因	果
① 顧客＝脅威	公共工事における道路事業費が減少傾向	中長期的に需要の増加が見込めない
② 競合＝機会	同一地域で多くの同業者が限られた仕事を分け合う	収益向上に向けた業界再編の要因

【解答例】

特	徴	は	、	①	公	共	工	事	に	お	け	る	道	路	事	業	費	が	減
少	傾	向	の	た	め	、	中	長	期	的	に	需	要	の	増	加	が	見	込
め	な	い	点	、	②	同	一	地	域	で	多	く	の	同	業	者	が	限	ら
れ	た	仕	事	を	分	け	合	う	こ	と	が	、	収	益	向	上	に	向	け
た	業	界	再	編	の	要	因	に	な	り	が	ち	な	点	、	で	あ	る	。

【記入のポイント】

　主語「特徴は」に呼応する述語は、「〜ことである。」や「〜こと。」、「〜事。」、「〜点。」などいろいろ考えられる。字数がどうしても足りなかった場合、緊急対応では「特徴は〜増加が見込めない。」などの不完全な日本語でも得点はできるはずである。

　なるべく、「与件のキーワード」を使う。

　読点「、」は、主語の直後及び因と果の間が基本。

第2問（配点20点）

　F社を買収した直後、A社の利益率は、F社を買収する前よりも悪化したが、その後、改善した。A社の利益率の悪化と改善の要因を120字以内で説明せよ。

第2問の解答骨子マトリックス

切り口	論点	
	因	果
①利益率の悪化	F社の従業員をA社に移籍	人件費など固定費増、入社に伴う一時費用
②利益率の改善	F社からの受注で売上増大	道路標識で親和性、買収による規模の経済性

【解答例】

悪	化	の	要	因	は	、	F	社	の	従	業	員	を	A	社	に	移	籍	さ
せ	た	こ	と	で	、	人	件	費	な	ど	の	固	定	費	が	増	大	し	、
社	内	環	境	整	備	、	研	修	費	な	ど	の	一	時	費	用	も	発	生
し	た	事	で	あ	る	。	改	善	の	要	因	は	、	F	社	か	ら	の	工
事	の	受	注	が	入	る	よ	う	に	な	っ	て	売	上	高	が	増	大	し
規	模	の	経	済	性	が	働	く	よ	う	に	な	っ	た	事	で	あ	る	。

【記入のポイント】

　読点「、」は主語の直後及び因と果の間（上記「人件費」の直前）が基本だが、適宜最小限の追加をする（上記では「社内環境整備」と「研修費」の間）。

　4行目の行末「し、」は読点までマス目内に収める。

第3問

　A社社長は、F社を別会社として存続させることを選択した。その理由として、F社の知名度や顧客基盤をA社グループで活用できること以外に、どのようなことが考えられるか。以下の設問に沿って答えよ。

（設問1）

　F社が別会社であることは、組織構造の面で、A社グループにどのようなメリットを与えているか、80字以内で説明せよ。

第3問（設問1）の解答骨子マトリックス

切り口	論点	
	因	果
①意思決定の迅速化	経営資源の集中	意思決定が迅速化
②経営者の育成	F社の経営者を経験	A社の経営者に育成

【解答例】

メ	リ	ッ	ト	は	、	①	F	社	が	製	造	部	門	に	経	営	資	源	を
集	中	さ	せ	た	こ	と	で	、	意	思	決	定	が	迅	速	化	し	た	点、
②	F	社	の	経	営	者	を	経	験	さ	せ	る	こ	と	で	、	A	社	の
経	営	者	を	育	成	で	き	る	可	能	性	が	あ	る	点	、	で	あ	る。

【記入のポイント】

　解答例では「メリットは、」という主語を入れているが、解答文字数が80字とやや少ないため、場合により主語を省略しても構わない。形式面ではなく内容面で加点されるため、内容面が薄くなるようであれば、主語や述語を省略してでも内容面を厚くするべきである。

　2行目の行末「点、」は読点までマス目内に収め、4行目の行末「る。」も句点までマス目内に収める。

第３問

A社社長は、F社を別会社として存続させることを選択した。その理由として、F社の知名度や顧客基盤をA社グループで活用できること以外に、どのようなことが考えられるか。以下の設問に沿って答えよ。

（設問2）

A社社長は、買収後もF社の社名を変更せず、F社の社長にはF社出身の人材を据えて経営を任せている。その理由として、どのようなことが考えられるか。100字以内で答えよ。

第３問（設問2）の解答骨子マトリックス

切り口	論点	
	因	果
①社名	社名を変更しない→帰属意識や社内の一体感	貢献意欲
②F社社長	F社出身→社員とのコミュニケーションが円滑	業績を改善させるという共通目的

【解答例】

理	由	は	、	①	社	名	が	残	る	こ	と	で	F	社	へ	の	帰	属	意
識	と	一	体	感	が	保	た	れ	、	従	業	員	の	貢	献	意	欲	が	向
上	す	る	か	ら	、	②	F	社	社	長	と	従	業	員	の	コ	ミ	ュ	ニ
ケ	ー	シ	ョ	ン	が	円	滑	で	あ	る	た	め	、	業	績	改	善	と	い
う	共	通	目	的	が	浸	透	し	や	す	い	か	ら	、	で	あ	る	。	

【記入のポイント】

主語「理由は」に呼応する述語は、「〜ためである。」、「〜からである。」、「〜事。」、「〜点。」などいろいろ考えられる。自分の基本を決めておき、字数によって臨機応変に対処する。

1次試験知識の言葉は正確に使う。

170

第4問

A社は、労働生産性の向上と従業員の定着率向上のために、どのような施策をとるべきか、120字以内で提案せよ。

第4問の解答骨子マトリックス

切り口	論点	
	因	果
①労働生産性の向上 （能力向上）	多能工化（区画線と標識設置）	繁閑差に対応
②定着率向上 （モラール向上）	①子育て・介護支援、 ②出身企業によらない評価	モラール向上

【解答例】

施	策	は	、	①	現	状	の	従	業	員	数	で	繁	忙	期	の	工	事	に
対	応	す	る	た	め	に	、	道	路	区	画	線	工	事	と	標	識	設	置
工	事	を	両	方	担	当	で	き	る	多	能	工	を	育	成	す	る	こ	と、
②	従	業	員	の	モ	ラ	ー	ル	を	向	上	す	る	た	め	に	、	育	児
や	介	護	の	し	や	す	い	制	度	と	、	出	身	会	社	の	区	別	な
く	業	績	を	評	価	す	る	制	度	を	作	る	こ	と	で	あ	る	。	

【記入のポイント】

施策が問われた場合、因果の記載順番を「《因》によって《果》とする」ではなく、「《果》のために《因（施策）》を行う」の方が、適切と考え、解答骨子と順番を入れ替えた。

助言問題の主語はいろいろ考えられる。「A社は～」で始めると、「するべきである。」で終わる必要があり、字数調整に不安が残るため、ここでは「施策は、」とした。

以上、書く工程が終了です。

「考える」の工程で作成した解答骨子を「書く」工程でどのように解答文に落とし込むのか、具体的を見ていただくことでよりイメージが湧いたのではないかと思います。ぜひ今後の解答文作成に生かしていってください。

9.5.2 見直し

試験終了まで、残り2分です。以下をチェックしてください。

・誤字・脱字はないか。
・解答欄を間違えていないか（まさかと思われるでしょうが、第2問を第1問の解答欄に
　書くなどということが実際にあります）。
・受験番号の記入忘れはないか

以上で演習は終了です。

第10章

合格への道筋

前章までで、解法の説明は終了です。しかし、解法を理解するだけで合格できるほど易しくないのが2次試験です。合格するには解法を本当に自分のものとし、本試験で使えるようにする必要があります。それにはどのような試験準備をしたらよいのでしょうか。

10.1 　合格までの勉強方法

10.1.1 　マスタースケジュールを立てる

本書で提案する受験勉強のカリキュラムは**図表 10-1** のとおりです。

試験準備の全体像　　　　　　　　　　　　　　　　　　　　　　　　（図表10-1）

段階		分類	内容	説明	A日程例	B日程例
STEP 1	基本スキルの習得	インプット	①各科目の概要	過去問がどのような枠組みで出題されているかを、事例I~IVの各科目について学ぶ。	1月~2月	8月後半
		インプット	②解法の理解	合格答案を作成する工程を学ぶ。本書の内容。		
		アウトプット	③過去問演習（1）	過去問を題材に、上記2点を検証する。各科目を1~2年度程度。		
STEP 2	知識の整理と活用力の強化	インプット	④知識の整理と活用	事例I~IVの各科目について、2次試験で必要とされる知識（1次試験の知識）を体系的に整理し、試験での活用方法を学ぶ。	3月~4月	9月前半
		アウトプット	⑤過去問演習（2）	あらためて過去問の各科目を演習する。各科目1~2年度分程度。		
		インプット/アウトプット	⑥事例IV計算問題対策	事例IVについては別途対策が必要である。	1月~10月	8月~10月
STEP 3	実戦力強化	アウトプット	⑦過去問演習（3）／新作演習	時間の許す限り、過去問の各科目を演習する。各科目3~5年度分が目安。（事例IV計算問題だけは、できれば全過去問のテーマを確認）受験校の新作問題集や模試も活用する（オプション）。	5月~8月	9月後半~10月前半
STEP 4	直前対策	インプット	⑧白書対策	中小企業白書（直近2年度分）2次試験に関連しそうな知識（例年、主に第2部）を確認。優先順位は低い。	9月後半	―
		インプット/アウトプット	⑨直前対策	最終調整。各自の苦手分野などを重点的に。	10月前半	10月前半

図表 10-1 は、受験勉強の全体像を示しており、本書の内容である事例問題の解法は STEP1 の②に相当します。

その他、インプット学習の①各科目の概要、④知識の整理と活用、については科目別の解説書等を参照してください。また、⑧白書対策については中小企業白書を参照してください。

また、アウトプット学習について、過去問の問題用紙、解答用紙（再現）は AAS のホームページでもダウンロードできますので活用してください。過去問の解答・解説は各受験

校で解答例がまちまちです。解答の正否に一喜一憂せず、出題者の意図を理解するように努め、自分の思考プロセスを検証してください。

図表 10-1 には日程としてAとBの2つを記載しています。Aは筆記試験の合格発表直後の1月頃からスタートする場合、Bは1次試験（自己採点）終了後の8月後半からスタートする場合を想定しています。なお、A日程の場合で、1次試験を受験する場合、5月〜8月前半は1次試験準備に充てる必要があるでしょう。各自の状況に合わせて調整してください。

なお、事例IVについては計算問題の訓練が必要ですのでその点のみ記載しました。

以上を参考に、**各自にあったマスタースケジュール**を立ててください。

▶ 受験校を活用する

AAS東京の通学コースや通信コースでは**図表 10-1** のような内容をカリキュラム化して提供しています。詳細は AAS 東京のホームページなどを参照してください。

10.1.2 PDCAを回す

受験勉強ではインプット学習（知識・ノウハウ）とアウトプット学習（答案練習）をPDCA サイクルで回すことが重要です。

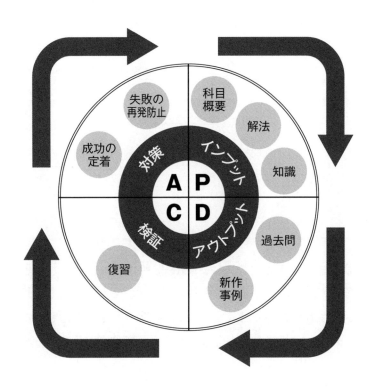

2次試験の受験勉強は大きな挑戦ですが、正しい方法で計画的に勉強することで合格へ近づきます。読者の皆様のご健闘をお祈りします。

AAS 東京について

　AAS 東京は、中小企業診断士「2次試験対策専門校」の名に恥じぬよう、過去問の分析をベースとして2次事例問題の解法を真摯に研究し、ノウハウを蓄積してきました。研究にあたっては、「ある合格者の個人的な解法ではなく、2次事例問題の普遍的な解法を論理的に作り上げること」、「解法を身に付けるための効果的な学習方法・学習ツールを作り上げること」を重視してきました。今回、本書でその一部をお示しした次第です。

　本書をご覧いただき、2次事例問題の解法に興味をお持ちになった方がいらっしゃいましたら、ぜひお気軽に AAS 東京の講座にもお越しください。AAS 東京では、通年の講座である本科コースをはじめ、どなたでも参加できるオプション講座（2次公開模試、実力アップ講座、合格アシストゼミ）も随時開催しています。2次試験は非常に難関な試験ですが、受験生の皆様に何らかの合格への道標を示せるものと自負しています。

AAS 東京 代表　早坂 健治

謝　辞

　最後に、本書の内容には、AAS 関西代表の石原真一先生から学んだノウハウも多く含まれています。私が中小企業診断士試験の受験生だった時に AAS 関西の門を叩き、ご指導いただきました。合格後も中小企業診断士として独立する際から現在に至るまで陰に陽にご支援をいただいています。本書の出版にも快く応援いただきました。ここに感謝の意を表します。

著者略歴

早坂 健治（はやさか・けんじ）

中小企業診断士。株式会社ビジネスポケット代表取締役。
AAS 東京を主宰し、「合格は繰り返す行動の総計である」
「共に学び、共に向上しよう」「守→破→離」の 3 つのモッ
トーを掲げて、2 次筆記試験に特化した通学講座・通信
講座を開催している。趣味は添削。

加藤 雄紀（かとう・ゆうき）

AAS 東京講師、一般社団法人せたがや中小企業経営支援
センター理事、株式会社ミュージックブレインズ取締役、
世田谷区産業振興公社経営相談員。中小企業診断士、1 級
知的財産管理技能士（コンテンツ専門業務）。

AAS東京公式テキスト

中小企業診断士 2 次試験事例問題の解法 第4版

発行日　2016 年 8 月 8 日　初　版第 1 刷発行
　　　　2022 年 4 月 1 日　第 4 版第 1 刷発行
　　　　2023 年 1 月 1 日　第 4 版第 2 刷発行
著　者　早坂 健治、加藤 雄紀
発行者　早坂 健治
発行所　AAS 東京出版
　　　　〒105-0021 東京都港区東新橋 2-10-10　東新橋ビル 2F
　　　　株式会社ビジネスポケット内
　　　　https://www.aas-clover.com/tokyo/
　　　　TEL：03-4570-2819

ISBN 978-4-86338-334-0